租税法令の読み方 書き方 講座

青木 丈 著

税務経理協会

は　し　が　き

　租税法律主義の下，税務はすべからく法務である。したがって，税務上作成される文書は，法的な文書でなければならない。しかるに，税理士は"職業会計人"と呼ばれることがあり，財務書類の作成，記帳代行，税務代理及び税務書類の作成といったその業務の態様からか，法的な文章の作成について苦手意識のある実務家も少なくないようだ。

　著者は，2009年11月から2013年1月まで，税理士として内閣府及び総務省に民間登用され，法制執務に従事することができた。そこでこの貴重な経験を税理士業界にフィードバックすべく，そもそも法律とは何か，法律はどのように作られているのか（形成過程と内部構造）などについて，各租税法の条文を例示しながら，わかりやすく解説することを目的として，2013年6月に『税法で読み解く！法令用語と立法の基礎知識』（以下「前著」という。）を上梓した。法令は明治以来積み重ねられてきた様々な合理的な実務慣行により非常にシステマチックにできているので，法的な文章の作成に苦手意識を持つ税理士がこの合理的なシステムを知ることにより，法令の読解力もさることながら，法的な文章力の向上にも役立つものと考えたわけである。

　本書は，もともと前著を改訂するつもりで作業を始めたのだが，書籍の目的と内容に大きな変化が生じたことから，タイトルを変えて新著として刊行することとしたものである。

　まず，本書における目的の変更の背景には，著者が最近，法学部や法学研究科において論文指導をするようになったことがある。特に大学院法学研究科で租税法を専攻する学生の中には法学部出身でない者も少なくないので，法的な文章を作成するためのテキストが必要と考えた。また，法学部の学生であっても法令用語のルールなどを学ぶ機会がほとんどないことも分かった。そこで，租税法令の読み方と形式的にしっかりした法的な文章の書き方をマスターすることを本書の主たる目的とすることとした。

　また書籍の内容については，月刊税理（ぎょうせい刊）2014年7月号から2017年12月号にかけて連載した「租税法令雑学塾」の原稿を（加筆修正した上

で）ほぼ全面的に取り込んだために，大幅に変更が生じた。もともとこの連載は，前著をテキストに講演をした際に参加者から「税理士には難しすぎる。眠くなってしまった。」との厳しい感想を聴いたことがきっかけで始めたものである。雑誌の連載でもあることから，読み物として興味を持っていただけるよう，できるだけ砕けた文章を心掛けたつもりであり，これは本書においてもそのまま生かしている（ただし，前著及び連載時の"ですます調"を本書では"である調"に改めた。）。

　実務上の法的な文章であれ学生が執筆する論文であれ，もちろんその内容が重要であることはいうまでもないが，形式面を軽視すると思わぬところで痛い目にあうことがある。例えば法令用語のルールでは，「その他」と「その他の」はわずか1字の違いながら，使い方によっては大きな違いが出てくることもあるのだ（95頁以下参照）。実務家の方々や学生諸君に，その内容もさることながら形式面もしっかりした文章を書けるようになっていただきたいということが著者の一番の願いである。

　なお，前著同様，本書のクオリティを担保するために，法制執務のプロである橘幸信衆議院法制局長に内容の正確性の確認をしていただいた。橘氏のご協力なくして，このような形で本書が結実することがなかったことはいうまでもない。また，月刊税理での連載時はぎょうせいの方々に丁寧な編集をしていただき，連載原稿の転載についてもご快諾いただいた。そして本書の編集作業では，税務経理協会の大川晋一郎氏に大変お世話になった。ここに記して，深く感謝の意を表しておきたい。

2018年2月

青　木　丈

目　次

はしがき

第1章　日本国憲法の意義　1

第1節　日本国憲法とは何か（総論）　2
第2節　納税の義務・租税法律主義・租税公平主義の意義　5
　Ⅰ　納税の義務　5
　　1　憲法上の3つの義務　5
　　2　憲法30条の制定経緯　6
　　3　「納税の義務」の意義　7
　Ⅱ　租税法律主義　9
　　1　諸外国における租税法律主義の成立過程　9
　　2　日本における租税法律主義　10
　Ⅲ　租税公平主義　11

第2章　法令の形式（法律・命令等）　13

第1節　法律，政省令，通達等　14
　Ⅰ　法律　14
　Ⅱ　命令等（政省令，通達）　14
　　1　政令　18
　　2　府省令等　19
　　3　通達　20
　Ⅲ　現行法令の序列と総数　21
第2節　パブリック・コメント（意見公募手続）　22
　　1　租税に関する命令等のパブコメ　22
　　2　最近の実施例　24

第3章　法令の仕組みと法令用語のルール等　25

第1節　租税法の構成　26
　Ⅰ　実体法と手続法　26
　Ⅱ　一般法と特別法　26
　　1　特別法は一般法を破る　26
　　2　国税通則法の地位　27
　　3　国税手続に行政不服審査法が適用されるケース　30

4 他の国税に関する法律上の特別の定め 31
         5 １つの法令の中での原則と特例 32
   第2節 法令の種類と構造 33
      Ⅰ 法令の種類 33
         1 ４つの法形式 33
         2 税制改正法の形式 33
      Ⅱ 法令と条文の構造 35
         ⑴ 題名 38
            ① 題名の意義 38
            ② 略称 38
            ③ 法令番号 38
            ④ 題名のない法律 40
         ⑵ 章・節等と目次 40
         ⑶ 本則と附則 40
         ⑷ 見出し 41
            ① 見出しの意義 41
            ② 憲法84条の見出しは？ 42
            ③ 共通見出し 43
            ④ 法人税法34条の見出し 44
         ⑸ 条 45
         ⑹ 項 45
         ⑺ 号 46
         ⑻ 枝番号 46
            ① 枝番号の意義 46
            ② 条文の削除 47
            ③ 日本で最大の法律は？ 48
         ⑼ 別表 48
      Ⅲ 規定の分類 49
         1 目的規定と趣旨規定 49
            ⑴ 目的規定とは 49
            ⑵ 国税通則法の目的規定 49
            ⑶ 目的規定の形式 50
            ⑷ 趣旨規定とは 53
            ⑸ 目的規定と趣旨規定の違い等 54
         2 定義規定 55
            ⑴ 定義規定とは 55
            ⑵ 定義規定の置き方 56

        ①　総則的部分でまとめて定義する場合　56
        ②　個別に定義する場合　56
        ③　括弧を用いた定義　58
      (3)　略称規定　59
      (4)　「等」と「など」　59
      (5)　定義規定と略称規定の違い　60
      (6)　定義（略称）規定の及ぶ範囲　61
      (7)　租税法に定義規定がない場合〜借用概念　61
    3　解釈規定　62
      (1)　解釈規定とは　62
      (2)　国税通則法上の解釈規定　63
      (3)　法人税法上の解釈規定　63
      (4)　税理士法上の解釈規定　64
    4　実体的規定　65
第3節　条文等の引用方法　67
  Ⅰ　題名の引用　67
  Ⅱ　条文の引用　68
    1　前段・後段　68
    2　本文・ただし書　69
  Ⅲ　条文の要旨　70
  Ⅳ　柱書・括弧内　70
第4節　法令における用字，用語等の表記の基準　72
  Ⅰ　漢字及び仮名の用法の基本　72
    1　漢字使用等のルール　72
      (1)　総説　72
      (2)　同じ法令内での新旧用語の混在　72
      (3)　「付記」と「附記」　73
      (4)　康熙字典体などの古い漢字　74
      (5)　副詞・連体詞・接続詞　74
      (6)　拗音及び促音　75
  Ⅱ　送り仮名の付け方　75
  Ⅲ　外来語の用法　76
  Ⅳ　句読点の用法　76
    1　句点の用法　76
      (1)　総説　76
      (2)　こととときは丸，ものはなし　77
    2　読点の用法　79

(1)　原則的用法　79
　　　(2)　その他例外的用法　80
　Ⅴ　括弧（「　」・（　））の用法　82
　　1　かぎ括弧（「　」）の用法　83
　　　(1)　用語の定義　83
　　　(2)　略称　83
　　　(3)　準用条文の読替え　84
　　2　丸括弧（（　））の用法　85
　　　(1)　特定の範囲の限定　85
　　　(2)　特定の字句の置換え　85
　　　(3)　用語の定義　85
　　　(4)　略称　86
　　　(5)　目次の範囲　86
　　　(6)　法令番号　86
　　　(7)　見出し　86
　　　(8)　引用条文の要旨　86
　　3　多重括弧　87
第5節　法令用語の例　89
　Ⅰ　「及び」・「並びに」・「かつ」　89
　　1　「及び」・「並びに」　89
　　2　「かつ」　91
　Ⅱ　「又は」・「若しくは」　92
　　1　総説　92
　　2　引用時の注意点　93
　　3　SGとPPMの法則　94
　Ⅲ　「その他」・「その他の」　95
　　1　総説　95
　　2　「その他」・「その他の」の用法に言及した判決例　97
　Ⅳ　期間と期限　99
　　1　「以」とは　99
　　2　「前」「後」と「以前」「以後」　99
　　3　「以内」とは　102
　　4　「経過する日」と「経過した日」　102
　　5　初日不算入の原則　103
　　6　初日不算入の例外　104
　　7　「○○期限から」　105
　　8　「日から起算して」　105

Ⅴ 「・・・から・・・まで」 106
    1 総説 106
      ⑴ 「第〇条から前条まで」 106
      ⑵ 「次条から第〇条まで」 106
    2 「乃至（ないし）」の意味 107
  Ⅵ 「遅滞なく」・「直ちに」・「速やかに」 108
    1 「遅滞なく」の用法 108
    2 「直ちに」の用法 108
    3 「速やかに」の用法 110
    4 効力 110
  Ⅶ 「とき」・「時」・「場合」 111
  Ⅷ 「者」・「物」・「もの」 113
  Ⅸ 「みなす」・「推定する」 115
    1 「みなす」の用法 117
    2 「推定する」の用法 117
  Ⅹ 「するものとする」・「しなければならない」 118
    1 「しなければならない」とは 119
    2 「するものとする」とは 119
    3 「するものとする」と「しなければならない」の違い 121
  Ⅺ 「公布」・「施行」・「適用」 121
    1 「公布」とは 121
    2 「施行」とは 122
    3 「適用」とは 123
    4 条文中の表記例 123

第4章　租税法令にまつわる雑学講座　125

 第1節　一般的な立法過程の概観　126
  Ⅰ　2つの立案過程～閣法と議員立法　126
    1 閣法の立案過程の特徴　128
    2 議員立法の立案過程の特徴　128
  Ⅱ　国会における審議過程の特徴　129
 第2節　税制改正の流れ～2つの税調と2つの大綱　131
  Ⅰ　税制改正の流れ　131
  Ⅱ　2つの税調　132
  Ⅲ　2つの大綱　133
  Ⅳ　税制改正プロセスの問題点　134

Ⅴ　税制改正法案に対する附帯決議　135
　　　1　附帯決議とは　135
　　　2　税制改正法案に対する附帯決議　135
　第3節　租税法条文の平易化～昭和38年の税調答申から　139
　第4節　罰則の意義　142
　　Ⅰ　罰則の位置　142
　　Ⅱ　国税通則法上の罰則の例　143
　　Ⅲ　税理士法上の罰則の例　144
　　Ⅳ　両罰規定　145
　　Ⅴ　罰則サンド～犯則調査規定の国税通則法への編入　146
　　　1　改正に至る経緯　147
　　　2　改正の概要　147
　　　3　国税通則法への編入　147
　　　4　新たな国税通則法の体系　148
　第5節　租税優遇措置の意義　150
　　Ⅰ　租税特別措置法の意義　150
　　Ⅱ　地方税の優遇措置　151
　　Ⅲ　租特透明化法　152
　第6節　租税関係法令の相関　154
　　Ⅰ　租税法の体系　154
　　Ⅱ　行政法との関係　155
　　Ⅲ　私法との関係　155
　　Ⅳ　刑事法との関係　156
　　Ⅴ　憲法との関係　156
　第7節　租税行政に係わる行政法　157
　　Ⅰ　国税通則法・地方税法から見た3つの一般法　157
　　Ⅱ　行政手続法　157
　　Ⅲ　行政不服審査法　159
　　Ⅳ　行政事件訴訟法　160
　　Ⅴ　行政機関情報公開法　161
　　Ⅵ　行政機関個人情報保護法　162
　第8節　国税庁の組織と任務　163
　　Ⅰ　国税庁の任務と所掌事務　164
　　Ⅱ　内部部局　165
　　　1　長官官房　165
　　　2　課税部　165
　　　3　徴収部　165

4　調査査察部　165
　Ⅲ　国税局　166
　Ⅳ　税務大学校　166
　Ⅴ　国税不服審判所　167
　Ⅵ　税務署　167
　Ⅶ　納税者支援調整官　168
第9節　補論〜引用文献等の表記方法　169
　Ⅰ　文献の引用方法　169
　　1　雑誌論文　169
　　　(1)　総説　169
　　　(2)　定期刊行物の略称　170
　　　　①　専門雑誌の略称　170
　　　　②　大学の紀要の略称　173
　　2　単行本　177
　　　(1)　単著の場合　177
　　　(2)　共著書の場合　177
　　　(3)　編著書の場合　178
　　　(4)　翻訳書の場合　178
　　3　前掲文献の表記方法　179
　Ⅱ　判例の引用方法　179
　　1　総説　179
　　2　判例集等の略称　180
　Ⅲ　法令の引用方法　183
　　1　総説　183
　　2　法令名等の略称　184

索引　217

凡　例

1　法令等について

　本書における法令等は，特に断りのない限り，平成29年4月1日現在の内容による。

　法令名，条文等の引用については，本文中は原則として正式な題名を用い，（　）内において，原則として第4章第9節Ⅲ2（184頁以下）に掲げる略語一覧に従うほか，大方の慣例による。
　また，読みやすさに配慮して，条文等を四角枠内で引用する際は，原則として，号名以外の漢数字を算用数字に変えている（例：第一条⇒第1条）。

2　文献の略語

芦部・憲法	芦部信喜（高橋和之補訂）『憲法　第六版』（岩波書店，2015）
荒井・常識	荒井勇『税法解釈の常識〈税法条文の読み方教室〉』（税務研究会出版局，1975）
礒崎・公用文	礒崎陽輔『分かりやすい公用文の書き方』（ぎょうせい，改訂版，2010）
金子・租税法	金子宏『租税法』（弘文堂，第22版，2017）
林・常識	林修三『法令作成の常識』（日本評論社，第2版，1975）
法律文献等	法律編集者懇話会『法律文献等の出典の表示方法』（法教育支援センター，2014年版，2014）
法令用語辞典	角田禮次郎ほか編『法令用語辞典』（学陽書房，第10次改訂版，2016）
宮澤・全訂憲法	宮澤俊義（芦部信喜補訂）『全訂日本国憲法』（日本評論社，1978）
吉田・常識	吉田利宏『新法令解釈・作成の常識』（日本評論社，2017）
ワークブック	法制執務研究会編『新訂ワークブック法制執務』（ぎょうせい，2007）

また，上記略語に示した文献のほか，本書では主として以下の文献を参考にした。

礒崎陽輔『分かりやすい法律・条例の書き方』（ぎょうせい，改訂版，2011）
金子宏（監修）『租税法辞典』（有斐閣，2001）
酒井克彦『フォローアップ租税法―租税法研究の道しるべ』（財経詳報社，2010）
林修三『法令用語の常識』（日本評論社，第3版，1975）
法制執務用語研究会『条文の読み方』（有斐閣，2012）
山本守之『租税法の基礎理論』（税務経理協会，新版改訂版，2013）
吉田利宏『新法令用語の常識』（日本評論社，2014）

第1章 日本国憲法の意義

憲法は国の最高法規であるから，国会や行政における法制執務においても，他の法律との関係や政策内容の合理性に優先して，憲法との整合性について慎重に検討されている。また，租税法の領域では，租税法律主義と租税公平主義という憲法上の基本原則がある。

第1節　日本国憲法とは何か（総論）

　本書は，様々な租税法の条文を読み解くために，法律を主とする法令の仕組みを解説することを主たる目的としているが，法律以下の規範は，まず大前提として，日本国憲法（以下単に「憲法」という場合が多い。）に反してはならないため（憲98条1項），本書においても，その冒頭で，憲法の意義を確認しておくこととする。ちなみに，国会や行政における法制執務（法案作成作業のこと。）においても，他の法律との関係や政策内容の合理性に優先して，憲法との整合性について特に慎重に検討されている。

◎日本国憲法
　第98条　この憲法は，国の最高法規であつて，その条規に反する法律，命令，詔勅及び国務に関するその他の行為の全部又は一部は，その効力を有しない。
　②　〔略〕

　この憲法98条1項により，憲法が国の最高法規であることが明らかにされているが，最高法規としての憲法の特質は憲法の目的というものではなく，その目的を達成するための手段ということができる。
　それでは，憲法の目的とはいったい何だろうか。
　憲法の目的を一言でいえば，「国家権力を制限して国民の権利・自由を守ること」[1]である。この目的を果たすために，憲法はまずその前文1項及び1条で，国民主権を明らかにしている。

◎日本国憲法
〈前文〉

---
[1] 芦部・憲法5頁。

> 日本国民は，正当に選挙された国会における代表者を通じて行動し，われらとわれらの子孫のために，諸国民との協和による成果と，わが国全土にわたつて自由のもたらす恵沢を確保し，政府の行為によつて再び戦争の惨禍が起ることのないやうにすることを決意し，<u>ここに主権が国民に存することを宣言し</u>，この憲法を確定する。
> 〔以下略〕
>
> 第1条　天皇は，日本国の象徴であり日本国民統合の象徴であつて，この地位は，<u>主権の存する日本国民の総意に基く</u>。

　そして，憲法3章の「国民の権利及び義務」において，基本的人権の尊重（11条）にはじまり，個人の尊重（13条），法の下の平等（14条），請願権（16条），奴隷的拘束及び苦役からの自由（18条），思想及び良心の自由（19条），信教の自由（20条），集会・結社及び表現の自由（21条），居住・移転及び職業選択の自由並びに出国等の自由（22条），学問の自由（23条），国民の生存権及び国の社会的任務（25条），教育を受ける権利（26条），勤労の権利（27条），勤労者の団結権（28条），財産権（29条），適正手続の保障（31条），裁判を受ける権利（32条）など，多くの権利や自由の規定を置き，主権者たる国民の自由と人権を保障している。他方，この憲法3章では国民の義務についても規定されているが，その数は極めて少ない（具体的な義務規定は，教育の義務（26条2項），勤労の義務（27条1項）及び納税の義務（30条）の3つ。また，一般的な規定として，権利・自由の保持義務及び濫用禁止を定める12条）。これは，憲法が国家権力を制限するための規範であることの表れの1つといえる。
　さらに，憲法は，その実質的に最後の条文である99条において，国家権力を行使する公務員に「憲法を尊重し擁護する義務」を課しているが，国民にはそのような義務を課していない。

◎日本国憲法
第99条　天皇又は摂政及び国務大臣，国会議員，裁判官その他の公務員は，この憲法を尊重し擁護する義務を負ふ。

　これは，憲法制定者である国民が自ら制定した憲法に従うことを当然の前提とした上で，国家権力を行使する公務員が憲法を尊重，擁護することを要求し，国民がこれを監視することを示すものとされている[2]。
　なお，自由民主党の「日本国憲法改正草案」（平成24年4月27日決定）では，現行99条に相当する同草案102条に「全て国民は，この憲法を尊重しなければならない。」との規定を1項として挿入することとされている。

　以上，極めて基本的なことに限っているが，憲法の本質的な意義を確認した。憲法の本質的な意義とは，つまるところ，憲法は国家権力を制限するものであるということである。

---

[2] 宮澤・全訂憲法820頁。

第2節　納税の義務・租税法律主義・租税公平主義の意義

　これまでは，憲法の本質的な意義について確認してきたところだが，以下では，特に租税に関する憲法の規定について，その意義を確認していきたい。憲法には，「税」という文字が2箇所出てくる。もうお分かりかと思うが，30条と84条である。この節では，これらの規定について詳しく見ることとする。また，法の下の平等を定める14条も，租税に関する内容を含むものと解されているため，併せて触れることとする。

I　納税の義務
1　憲法上の3つの義務

　それではこれから，納税の義務（30条）について考えてみたいと思うが，この規定は，前述のように教育の義務（26条2項）及び勤労の義務（27条1項）と並んで憲法が国民の義務について具体的に規定しているたった3つのうちの1つである。

◎日本国憲法
第30条　国民は，法律の定めるところにより，納税の義務を負ふ。

　前述のように，憲法は国家を制限するものであり国民を制限するものではないのだが，そうするとこの納税の義務はどのように考えればよいのだろうか。これを考えるに当たり，先に他の2つの義務について見ることにする。

◎日本国憲法
第26条　すべて国民は，法律の定めるところにより，その能力に応じて，
　ひとしく教育を受ける権利を有する。
②　すべて国民は，法律の定めるところにより，その保護する子女に普通

教育を受けさせる義務を負ふ。義務教育は，これを無償とする。

　まず，憲法26条2項前段の教育の義務は，同条1項の教育を受ける権利に対応して親又は親権者が負う義務であるということができ，さらにこれに対応して，「国は，教育制度を維持し，教育条件を整備すべき義務を負う」[3]こととなる。つまり，子供の教育を受ける権利を保障するために，その親等が教育を受けさせる責務を負っていることを明確にしたものである。

◎日本国憲法
第27条　すべて国民は，勤労の権利を有し，義務を負ふ。
②　賃金，就業時間，休息その他の勤労条件に関する基準は，法律でこれを定める。
③　児童は，これを酷使してはならない。

　次に，憲法27条1項は勤労の権利を保障し勤労が国民の義務であることを規定しているが，この規定は，同18条によって奴隷的拘束及び苦役からの自由が，同22条1項によって職業選択の自由がそれぞれ保障されていることからも明らかなように，法律により勤労を国民に強制することができるという意味ではない。

2　憲法30条の制定経緯

　このように，「教育」及び「勤労」の義務は，いずれも権利と対応する一種の責務規定として存在しており，権利を保障するための補完的な役割を果たすものであるということができる。

　一方，憲法30条の納税の義務については，それに対応する権利は規定されておらず，一方的に納税が国民の義務であることを宣言している。この意義をどう捉えるべきだろうか。

　もともと憲法30条は，大日本帝国憲法（以下「明治憲法」という。）21条の

---
[3] 芦部・憲法274頁。

「日本臣民ハ法律ノ定ムル所ニ従ヒ納税ノ義務ヲ有ス」を継承したものだが，日本国憲法制定前の内閣草案にはなかったものが衆議院の修正で加えられたという経緯がある。前述のように憲法は国家を制限するものであり国民を制限するものではないので，これまで見た教育や勤労の義務のような権利と対応するものであればまだしも，純粋に義務を課す規定は本来不要であるはずだったのだが，憲法に納税の義務がないことに危機感をもった大蔵省（現財務省）の働きかけにより，明治憲法の古い発想[4]しかない与野党の多くの議員がこれに賛同したことから，政府は，「教育」及び「勤労」の義務規定と併せて[5]，「納税の義務」を規定することとしたのである[6]。

3 「納税の義務」の意義

このような経緯を踏まえれば，国家が国民に義務を課すような規定は，日本国憲法を考える上では，ほとんど論ずるに値しないものといっても過言ではないだろう。実際，戦後の憲法学の世界において，その意義はほとんど論じられていない。例えば，憲法学のもっともポピュラーな教科書の1つである芦部・憲法には，納税の義務に関する積極的な記述がいっさい見られない。

それでも，あえてこの意義を考えてみると，国民主権国家においては，国家財政は国民の納める税金によって維持されるので，国民の重大な義務として，他の義務と並べて宣言されていると考えることができる。もっとも，国家を制限するという憲法の本質的意義からすれば，他の義務と同様に，憲法30条も一種の精神的ないし道徳的規定ということになる。

あるいは，「法律の定めるところにより」という文言から，憲法84条に規定する「租税法律主義」を国民の義務という側面から確認したものであると考えることもできるとされる[7]。しかし，この意味においても，憲法30条が強制力

---

[4] 明治憲法は，天皇を主権者としていたので，国民に納税を義務付けて，強制的に課税徴収し，天皇による統治の運用資金にしていく必要があった。
[5] 勤労の義務規定についても，納税の義務規定と同様に，内閣草案にはなかったものが帝国議会の審議を経て挿入されたものである。
[6] この経緯については，三木義一＝廣田直美「『納税の義務』の成立過程とその問題点」税理57巻1号（2014）77頁以下に詳しい。

を伴う積極的な規定であるとまではいえないだろう。

　また，サラリーマン税金訴訟として有名ないわゆる大島訴訟最高裁判決（最大判昭和60年3月27日民集39巻2号247頁）において，「およそ民主主義国家にあっては，国家の維持及び活動に必要な経費は，主権者たる国民が共同の費用として代表者を通じて定めるところにより自ら負担すべきものであり，我が国の憲法も，かかる見地の下に，国民がその総意を反映する租税立法に基づいて納税の義務を負うことを定め（30条）」と述べられていることを敷衍すれば，租税が「民主主義の対価」であるということを憲法30条は暗に示しているもの，と考えることもできるだろう。

　しかし著者は，あえてここで憲法30条の今日的意義を見出してみたいと思う。2015年に日本でもベストセラーとなったトマ・ピケティの『21世紀の資本』[8]は，①資本主義社会は経済成長をすれば格差が必然的に広がること，②その格差を縮小し，安定した社会の形成に寄与したのは税制であった，ということを明確に実証した。このように，特にこれまで優遇されてきた富裕層への適正な課税の実現が積極的に訴えられ，多くの人々の共感を得ていることに鑑みれば，憲法30条の「納税の義務」の意義についても，国が国民に対して適正な納税の機会を法律に基づき公平に与えなければならないことを意味している，と積極的に考えることもできるのではなかろうか。なお，三木義一教授は，「納税の義務」を再検討した結論として，タックス・ヘイブンなどによる巨額な規模の国際的租税回避問題を念頭に，「つまり，租税回避は租税法律主義からは当然の権利であるが，他方で，共同社会のための納税義務との関係では，その理念に反し，憲法はそうした回避手段を塞ぐように国に命じているのだ，と解し得ないだろうか」[9]と述べている。

---

[7] 宮澤・全訂憲法293頁，金子・租税法21頁。
[8] トマ・ピケティ著（山形浩生ほか訳）『21世紀の資本』（みすず書房，2014）。
[9] 三木＝廣田・前掲脚注6）87頁。

Ⅱ 租税法律主義
1 諸外国における租税法律主義の成立過程

租税法律主義の意義を確認するに当たっては、まず、世界の人権宣言の歴史を概観しておく必要がある。

世界史上、一般的に、イギリスにおいて1215年に制定（1216、1217、1255年修正）された「マグナ・カルタ」（Magna Carta）の「一切の楯金、もしくは援助金は朕の王国の一般評議会によるのでなければ朕の王国においてはこれを課さない」[10]との定めをもって、租税法律主義の原則の萌芽であると理解されている。マグナ・カルタは人権宣言の萌芽であるとも理解され[11]、その前文は現在でもイギリスにおいて不文憲法を構成する法典の1つとして残されている。

マグナ・カルタの人権思想は、その後、1628年の「権利請願」（Petition of Rights）、1689年の「権利章典」（Bill of Rights）に継承された。権利章典は、現在も有効であり、イギリスにおける不文憲法の根本法となっている。そして、権利請願や権利章典を参考に起草された1776年の「ヴァージニア権利章典」（Virginia Bill of Rights）は、アメリカの独立宣言に大きな影響を与え、これは人権宣言の嚆矢であるとともに、同国における租税法律主義の萌芽であると評価されている[12]。

さらに、1789年に採択されたフランスの人権宣言（「人及び市民の権利宣告」（Déclaration des Droits de l'Homme et du Citoyen））に租税法律主義の原則が謳われ、1791年のフランス憲法がその一部をそのまま採り入れるなど、他の諸国においても租税法律主義は憲法原理として承認されるようになった。

このような租税法律主義ないし人権宣言の沿革において重要なことは、世界史上、「立憲政治が、国王の課税に対する国民の承認という財政問題を契機にして発展した」[13]ということである。すなわち、憲法理念から租税法律主義が要求されているのではなく、近代市民社会においては、租税法律主義を実現す

---

[10] 金子・租税法74頁。
[11] 芦部・憲法76頁。
[12] 山本守之『租税法の基礎理論』（税務経理協会、新版改訂版、2013）654頁。
[13] 芦部・憲法360頁。

るための手段として立憲政治が採られているといっても過言ではないと考えることができる。

2 日本における租税法律主義

日本国憲法84条は，明治憲法62条1項を継承する形で租税法律主義を規定している。

◎日本国憲法
第84条 あらたに租税を課し，又は現行の租税を変更するには，法律又は法律の定める条件によることを必要とする。

◎大日本帝国憲法
第62条 新ニ租税ヲ課シ及税率ヲ変更スルハ法律ヲ以テ之ヲ定ムヘシ
② 但シ報償ニ属スル行政上ノ手数料及其ノ他ノ収納金ハ前項ノ限ニ在ラス
③ 〔略〕

この両者を比較すると，日本国憲法には明治憲法62条2項のような例外規定はなく，一切の例外を設けていないことが分かる。このことは，次の財政法3条の規定でも明確にされている。

◎財政法（昭和22年法律第34号）
第3条 租税を除く外，国が国権に基いて収納する課徴金及び法律上又は事実上国の独占に属する事業における専売価格若しくは事業料金については，すべて法律又は国会の議決に基いて定めなければならない。

租税法律主義の具体的内容としては，「課税要件法定主義」，「課税要件明確主義」，「合法性の原則」，「手続保障原則」，「遡及立法の禁止」及び「納税者の権利保護」の6つを挙げることができる[14]。

このうち，とりわけ重要なものは，課税要件法定主義及び課税要件明確主義である。なぜならば，課税要件法定主義は日本国憲法84条の内容そのものであり，課税要件明確主義は課税要件法定主義を一歩具体化したものといえるからである。その他4つの原則は，これら2つの原則から派生するものであるといってよいだろう。

　そして，課税要件法定主義の要請からいわゆる委任立法は抑制されなければならず，課税要件明確主義の要請からいわゆる不確定概念も多用されてはならないということになる。

　このような租税法律主義が守られることによって，国民の経済生活における法的安定性及び予測可能性が確保されることになる。そして，租税法律主義の今日的意義については，「今日の複雑な経済社会において，各種の経済取引や事実の租税効果（タックス・エフェクト）について十分な法的安定性と予測可能性とを保障しうるような意味内容を与えられなければならない」との重要な指摘がある[15]。

　その実現のための一つのツールとして，「納税者権利憲章」（ないし納税者憲章）を制定することが有効であり，実際，世界中の多くの国々で制定されているのだが，日本ではいまだにその実現を見ていないのは，残念なことである。

Ⅲ　租税公平主義

　憲法14条1項に規定されるいわゆる法の下の平等を根拠とする「租税公平主義」も，近代国家においては，租税法律主義と並び租税法の全体を支配する基本原則である。

> ◎日本国憲法
> 第14条　すべて国民は，法の下に平等であつて，人種，信条，性別，社会的身分又は門地により，政治的，経済的又は社会的関係において，差別

---

[14] 金子・租税法76頁の分類による。詳細については，同書76〜83頁参照。
[15] 金子・租税法75頁。

> されない。
> ②・③〔略〕

　租税公平主義の具体的内容としては,「担税力に即した課税」と租税の「公平」・「中立性」が挙げられる[16]。これは, 租税法の解釈適用上はもちろんのこと, 立法に際しても租税法律主義と同様に配慮されなければならない。

---

[16] 金子・租税法84頁の分類による。詳細については, 同書83〜92頁参照。

第2章　法令の形式（法律・命令等）

　租税に関する具体的な規定は，法律や命令（政省令等）といった形式で定められている。本章では，これらについて解説する。また，一般的な意味の命令には含まれないが，租税行政において大きな意味をもつ通達，及び命令等の制定・改正時の重要な手続であるパブリック・コメントについても，併せて解説することとする。

第1節　法律，政省令，通達等

Ⅰ　法律

　法律とは，「憲法に特別の定のある場合」（憲59条１項）を除き，「全国民を代表する選挙された議員」（同43条１項）で組織された「国の唯一の立法機関」（同41条）たる国会の「両議院で可決」（同59条１項）されることによって成立する法形式のことである。

> ◎日本国憲法
> 第41条　国会は，国権の最高機関であつて，国の唯一の立法機関である。
>
> 第43条　両議院は，全国民を代表する選挙された議員でこれを組織する。
> ②　両議院の議員の定数は，法律でこれを定める。
>
> 第59条　法律案は，この憲法に特別の定のある場合を除いては，両議院で可決したとき法律となる。
> ②　衆議院で可決し，参議院でこれと異なつた議決をした法律案は，衆議院で出席議員の３分の２以上の多数で再び可決したときは，法律となる。
> ③　前項の規定は，法律の定めるところにより，衆議院が，両議院の協議会を開くことを求めることを妨げない。
> ④　参議院が，衆議院の可決した法律案を受け取つた後，国会休会中の期間を除いて60日以内に，議決しないときは，衆議院は，参議院がその法律案を否決したものとみなすことができる。

Ⅱ　命令等（政省令，通達）

　伝統的に，行政機関が定める規範は，国民の権利義務に関する法規である「法規命令」と，国民の権利義務に関する直接の定めではない「行政規則」とに区分して理解されてきた[17]。

この点，行政における処分に至る事前手続の一般法である行政手続法では，両者をまとめた形で「命令等」という定義を置いている（行手2条8号）。すなわち，政令や府省令，手続に関する大臣告示といった法規命令は同号イに該当し，通達，訓令等の行政規則は同号ロ及びハに当てはまるとされる[18]。

　なお，この「命令等」は，一部を除き，当該命令等を定める根拠となる法令の趣旨に適合するものでなければならないとされており（行手38条1項。例外について同3条2項及び3項並びに4条4項），また，「意見公募手続」（いわゆるパブリック・コメント）の対象とされている（行手6章）。その意味で重要な定義といえる。

◎行政手続法（平成5年法律第88号）
　（定義）
　第2条　この法律において，次の各号に掲げる用語の意義は，当該各号に定めるところによる。
　　一〜七　〔略〕
　　八　命令等　内閣又は行政機関が定める次に掲げるものをいう。
　　　イ　法律に基づく命令（処分の要件を定める告示を含む。次条第2項において単に「命令」という。）又は規則
　　　ロ　審査基準（申請により求められた許認可等をするかどうかをその法令の定めに従って判断するために必要とされる基準をいう。以下同じ。）
　　　ハ　処分基準（不利益処分をするかどうか又はどのような不利益処分とするかについてその法令の定めに従って判断するために必要とされる基準をいう。以下同じ。）
　　　ニ　行政指導指針（同一の行政目的を実現するため一定の条件に該当する複数の者に対し行政指導をしようとするときにこれらの行政指

---

[17] 宇賀克也『行政法』（有斐閣，2012）141-151頁。
[18] 行政管理研究センター編『逐条解説行政手続法』（ぎょうせい，改正行審法対応版，2017）46〜53頁。

導に共通してその内容となるべき事項をいう。以下同じ。）

（命令等を定める場合の一般原則）
第38条　命令等を定める機関（閣議の決定により命令等が定められる場合にあっては，当該命令等の立案をする各大臣。以下「命令等制定機関」という。）は，命令等を定めるに当たっては，当該命令等がこれを定める根拠となる法令の趣旨に適合するものとなるようにしなければならない。
2　命令等制定機関は，命令等を定めた後においても，当該命令等の規定の実施状況，社会経済情勢の変化等を勘案し，必要に応じ，当該命令等の内容について検討を加え，その適正を確保するよう努めなければならない。

（適用除外）
第3条　〔略〕
2　次に掲げる命令等を定める行為については，第6章の規定は，適用しない。
　一　法律の施行期日について定める政令
　二　恩赦に関する命令
　三　命令又は規則を定める行為が処分に該当する場合における当該命令又は規則
　四　法律の規定に基づき施設，区間，地域その他これらに類するものを指定する命令又は規則
　五　公務員の給与，勤務時間その他の勤務条件について定める命令等
　六　審査基準，処分基準又は行政指導指針であって，法令の規定により若しくは慣行として，又は命令等を定める機関の判断により公にされるもの以外のもの
3　第1項各号及び前項各号に掲げるもののほか，地方公共団体の機関がする処分（その根拠となる規定が条例又は規則に置かれているものに限

る。）及び行政指導，地方公共団体の機関に対する届出（前条第七号の通知の根拠となる規定が条例又は規則に置かれているものに限る。）並びに地方公共団体の機関が命令等を定める行為については，次章から第6章までの規定は，適用しない。

（国の機関等に対する処分等の適用除外）
第4条　〔略〕
2・3　〔略〕
4　次に掲げる命令等を定める行為については，第6章の規定は，適用しない。
　一　国又は地方公共団体の機関の設置，所掌事務の範囲その他の組織について定める命令等
　二　皇室典範（昭和22年法律第3号）第26条の皇統譜について定める命令等
　三　公務員の礼式，服制，研修，教育訓練，表彰及び報償並びに公務員の間における競争試験について定める命令等
　四　国又は地方公共団体の予算，決算及び会計について定める命令等（入札の参加者の資格，入札保証金その他の国又は地方公共団体の契約の相手方又は相手方になろうとする者に係る事項を定める命令等を除く。）並びに国又は地方公共団体の財産及び物品の管理について定める命令等（国又は地方公共団体が財産及び物品を貸し付け，交換し，売り払い，譲与し，信託し，若しくは出資の目的とし，又はこれらに私権を設定することについて定める命令等であって，これらの行為の相手方又は相手方になろうとする者に係る事項を定めるものを除く。）
　五　会計検査について定める命令等
　六　国の機関相互間の関係について定める命令等並びに地方自治法（昭和22年法律第67号）第2編第11章に規定する国と普通地方公共団体との関係及び普通地方公共団体相互間の関係その他の国と地方公共団体

との関係及び地方公共団体相互間の関係について定める命令等（第1項の規定によりこの法律の規定を適用しないこととされる処分に係る命令等を含む。）
　七　第2項各号に規定する法人の役員及び職員，業務の範囲，財務及び会計その他の組織，運営及び管理について定める命令等（これらの法人に対する処分であって，これらの法人の解散を命じ，若しくは設立に関する認可を取り消す処分又はこれらの法人の役員若しくはこれらの法人の業務に従事する者の解任を命ずる処分に係る命令等を除く。）

　既に述べたように命令等には様々な形式のものがあるが，以下では，代表的なものとして，「政令」及び「府省令」並びに「通達」とはどのようなものかについて確認する。

1　政令

　「政令」とは，憲法73条6号に基づいて内閣が制定する命令のことである。

◎日本国憲法
第73条　内閣は，他の一般行政事務の外，左の事務を行ふ。
　一〜五　〔略〕
　六　この憲法及び法律の規定を実施するために，政令を制定すること。但し，政令には，特にその法律の委任がある場合を除いては，罰則を設けることができない。
　七　〔略〕

　政令は，行政機関が制定する命令の中では最も優先的な効力を有し，閣議決定[19]により制定される（内4条1項）。また，政令は法律と同様に，主任の国務大臣が署名し内閣総理大臣が連署し（憲74条），天皇が公布する（同7条1号）。
　租税法令では，所得税法施行令や法人税法施行令など，「施行令」と付くものが政令の代表格である。

2　府省令等

　内閣総理大臣が内閣府設置法7条3項に基づいて発する内閣府の命令を「内閣府令」といい，国家行政組織法12条1項に基づき各省の大臣が制定する当該省の命令を「省令」という。内閣府令と省令を合わせて「府省令」と称されている。

◎内閣府設置法（平成11年法律第89号）
　　（内閣総理大臣の権限）
第7条　〔略〕
2　〔略〕
3　内閣総理大臣は，内閣府に係る主任の行政事務について，法律若しくは政令を施行するため，又は法律若しくは政令の特別の委任に基づいて，内閣府の命令として内閣府令を発することができる。
4～7　〔略〕

◎国家行政組織法（昭和23年法律第120号）
第12条　各省大臣は，主任の行政事務について，法律若しくは政令を施行するため，又は法律若しくは政令の特別の委任に基づいて，それぞれその機関の命令として省令を発することができる。
2・3　〔略〕

　これらの法律により，府省令は「法律若しくは政令を施行するため，又は法律若しくは政令の特別の委任に基づいて」発することとされている。

　租税法令では，所得税法施行規則や法人税法施行規則など，「施行規則」と付くものが府省令の代表格である。

　また，国家行政組織法13条1項に基づき内閣府及び各省の長以外の他の行政

---

[19] 「閣議」とは内閣総理大臣及びその他の国務大臣をもって組織する合議体たる内閣の会議をいい，その全会一致による決定（内閣の意思決定）を「閣議決定」という（法令用語辞典68頁）。

機関が発する命令を「規則」という。

> ◎国家行政組織法
> 第13条　各委員会及び各庁の長官は，別に法律の定めるところにより，政令及び省令以外の規則その他の特別の命令を自ら発することができる。
> 2　〔略〕

　例えば，個人情報の保護に関する法律（平成15年法律第57号）は平成28年1月から内閣府の外局である個人情報保護委員会が所管することになっているので（旧所管は消費者庁），個人情報の保護に関する法律施行規則は国家行政組織法13条1項に基づく規則に該当する（平成28年個人情報保護委員会規則第3号）。

3　通達

　「通達」とは，上級行政庁が法令の解釈や運用などについて行政上の取扱いの統一性を確保することを目的として，下級行政庁に対して示達するために発するもので，その根拠は内閣府設置法7条6項及び国家行政組織法14条2項に規定されている（以下に行組14条2項のみ引用）。

> ◎国家行政組織法
> 第14条　〔略〕
> 2　各省大臣，各委員会及び各庁の長官は，その機関の所掌事務について，命令又は示達するため，所管の諸機関及び職員に対し，訓令又は通達を発することができる。

　通達は，あくまでも行政機関内部における指揮監督関係に基づくものであるから，行政組織内では拘束力を持つものの，国民に対して拘束力を持つものではない。その意味で，これまで見てきた「法令」とは明らかに異なる性格を有している。

租税行政においては，国税庁長官から多くの通達が発せられている。通達は租税法の法源ではないが，「実際には，日々の租税行政は通達に依拠して行われており，納税者の側で争わない限り，租税法の解釈・適用に関する大多数の問題は，通達に即して解決されることになるから，現実には，通達は法源と同様の機能を果たしているといっても過言ではない」[20]とされている。

Ⅲ　現行法令の序列と総数

　これまで解説してきたように法規範には序列があり，下位の法令は上位のそれに抵触することはできない。我が国の最上位の法規範はもちろん日本国憲法であり，現行法令の序列とそれぞれの件数は〈図表2－1〉のようになる。

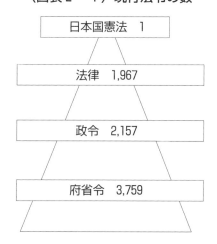

〈図表2－1〉現行法令の数

注
1．政令には，勅令（旧憲法時代に天皇によって制定された法形式）を含む。
2．府省令には，閣令（旧憲法時代に内閣総理大臣が発した命令）及び規則を含む。
3．太政官布告は除く。
（平成29年3月1日現在・件数は総務省行政管理局の法令データ提供システム（現在はe-Gov法令検索に移行）より抽出）

---

[20] 金子・租税法110頁。

第2節　パブリック・コメント（意見公募手続）

前節で触れたように，行政手続法は，命令等制定機関に対して立案過程における意見公募手続（いわゆるパブリック・コメント。以下「パブコメ」という。）の実施を義務付けている。なお，法令等の序列とパブコメの対象については，〈図表2-2〉を参照されたい。

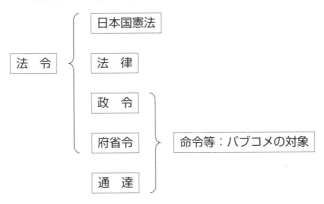

〈図表2-2〉法令等の序列とパブコメの対象

パブコメとは，行政機関が政策の立案等を行おうとする際にその案を公表し，この案に対して広く国民等から意見や情報を提出する機会を設け，行政機関は提出された意見等を考慮して最終的な意思決定を行うというもので，平成11年3月の「規制の設定又は改廃に係る意見提出手続」の閣議決定を経て（パブコメは同年4月から実施），平成17年6月の改正行政手続法により法定手続として導入されている（平成18年4月施行）。

1　租税に関する命令等のパブコメ

租税法律主義という原則があるとはいえ，我が国の租税行政は，多くの重要な事項が法律以下の政省令や通達に依拠して行われている現実がある。そのた

め，租税に関する命令等についても，パブコメが実施されることは大変有意義である。

しかるに，「納付すべき金銭について定める」租税に関する命令等は，パブコメ手続の適用除外の対象とされてしまっている（行手39条4項2号）。

> ◎行政手続法
> 　（意見公募手続）
> 第39条　命令等制定機関は，命令等を定めようとする場合には，当該命令等の案（命令等で定めようとする内容を示すものをいう。以下同じ。）及びこれに関連する資料をあらかじめ公示し，意見（情報を含む。以下同じ。）の提出先及び意見の提出のための期間（以下「意見提出期間」という。）を定めて広く一般の意見を求めなければならない。
> 2　前項の規定により公示する命令等の案は，具体的かつ明確な内容のものであって，かつ，当該命令等の題名及び当該命令等を定める根拠となる法令の条項が明示されたものでなければならない。
> 3　第1項の規定により定める意見提出期間は，同項の公示の日から起算して30日以上でなければならない。
> 4　次の各号のいずれかに該当するときは，第1項の規定は，適用しない。
> 　一　〔略〕
> 　二　納付すべき金銭について定める法律の制定又は改正により必要となる当該金銭の額の算定の基礎となるべき金額及び率並びに算定方法についての命令等その他当該法律の施行に関し必要な事項を定める命令等を定めようとするとき。
> 　三～八　〔略〕

もっとも，この適用除外規定は，「法律の制定又は改正」によることを前提にしているので，法律の制定又は改正に伴わず命令等を単独で定めようとする場合には，租税に関する命令等であってもパブコメの対象となるものと解されている[21]。

また，この適用除外に該当する場合やそもそも「命令等」に該当しない場合であっても，各行政機関が，任意に行政手続法の規定に準じたパブコメを実施することもある。

2　最近の実施例

　租税に関する命令等の最近の実施例としては，まず，「法律の制定又は改正」に伴わないことによる行政手続法に基づく手続として，「『法人税基本通達の制定について』（法令解釈通達）ほか2件の一部改正（案）（時の経過により価値の減少しない資産の範囲の見直し）」に対するパブコメが平成26年10月10日から同年11月10日の募集期間で国税庁により実施された。

　また，行政手続法に基づかない任意のパブコメの例としては，平成23年12月に国税通則法が改正され税務調査手続に関する規定が整備されたことに伴う，「『国税通則法第7章の2（国税の調査）関係通達』（法令解釈通達）の制定（案）」に対するパブコメが平成24年7月2日から同月31日までの募集期間で実施された。

　パブコメの実施状況（結果公示を含む。）は，総務省行政管理局が運営する総合的な行政情報ポータルサイトである電子政府の総合窓口（e-Gov）（http://www.e-gov.go.jp/）で確認することができる。

---

[21] 行政管理研究センター・前掲脚注18）306頁参照。

第3章　法令の仕組みと法令用語のルール等

　法令は，明治以来積み重ねられてきた合理的な実務慣行により，非常にシステマティックにできている。そこで，本章では，その実務慣行のうち法令用語や文章表現など条文化のためのルールである立法技術の基礎などを確認することにより，租税法令の読解力を向上し，それによりしっかりした法的な文章を書く能力を養うことも狙いとしている。

第1節　租税法の構成

　租税法の条文は一般に非常に複雑，難解だと言われるが，その一端は，租税に関する法体系の複雑さにあると思われる。そこでまず，一般的な法令の分類法を用いて，租税法相互の関係についての理解を深めることとする。

　法令の分類法は種々あるが，ここでは，「実体法と手続法」及び「一般法と特別法」という分類を用いて解説する。

I　実体法と手続法

　「実体法」とは，権利・義務の発生，変更，消滅等の法律関係の要件等を定める法のことをいう。一方，実体法の定める内容を具体的に実現するための手続について定める法のことを「手続法」という。例えば，民法や刑法は実体法であり，民事訴訟法や刑事訴訟法は手続法である。ある法制度がどのように働くか，その全体像を把握するためには，実体法と手続法の両方を理解する必要がある。

　租税法について見ると，所得税法，法人税法，消費税法，相続税法など課税要件とその効果について定めている法令は実体法であり，国税通則法，国税徴収法などは手続法に分類することができる。もっとも，実体法と手続法は必ずしも厳然と分けられるものではない。例えば，実体法の中に「更正の請求の特例」（所税152条・153条，法税80条の2・82条，消税56条，相税32条）などの手続法の特則が定められていたり，手続法である国税通則法に「納税義務の成立，承継及び消滅」（税通1章2節）や「附帯税」（同6章）などの実体規定が定められていたりする。以上は国税についてであるが，地方税については，実体法及び手続法の全てが地方税法に規定されている。

II　一般法と特別法

1　特別法は一般法を破る

　法令には，ある事項について広く一般的な定めをしているものと，それに対

する特例を定めるものがある。前者を「一般法」，後者を「特別法」という。

　法律と法律，政令と政令など，同一レベルの法令の間では，特別法は一般法に優先して適用される（特別法優先の原理[22]）ため，今読んでいるのが一般法か特別法かということは常に意識する必要がある。

　また，一般法を読む際には特別法を，特別法を読む際には一般法を併せて読むことにより，制度全体を把握することができる。

2　国税通則法の地位

　ある法令が一般法か特別法かというのは，他の法令との関係によって相対的に決まるものである。

　例えば，国税通則法は，行政の事前手続について定める行政手続法や，事後救済手続について定める行政不服審査法及び行政事件訴訟法との関係では特別法であるが（行手1条2項，行審1条2項，行訴1条，税通74条の14・80条・114条）[23]，他の国税に関する法律に対しては一般法といえる（税通4条。〈図表3-1〉）。

◎行政手続法
　（目的等）
　第1条〔略〕
　2　処分，行政指導及び届出に関する手続並びに命令等を定める手続に関しこの法律に規定する事項について，<u>他の法律に特別の定めがある場合は，その定めるところによる。</u>

◎行政不服審査法（平成26年法律第68号）
　（目的等）
　第1条〔略〕

---

[22] 特別法優先の原理は，後法優越の原理の例外としてこれに優先して働く。
[23] 国税通則法と3法との関係については，第4章第7節Ⅰ～Ⅳ（157～160頁）も参照されたい。

2　行政庁の処分その他公権力の行使に当たる行為（以下単に「処分」という。）に関する不服申立てについては，他の法律に特別の定めがある場合を除くほか，この法律の定めるところによる。

◎行政事件訴訟法（昭和37年法律第139号）
　（この法律の趣旨）
第１条　行政事件訴訟については，他の法律に特別の定めがある場合を除くほか，この法律の定めるところによる。

◎国税通則法（昭和37年法律第66号）
　（他の国税に関する法律との関係）
第４条　この法律に規定する事項で他の国税に関する法律に別段の定めがあるものは，その定めるところによる。

　（行政手続法の適用除外）
第74条の14　行政手続法（平成５年法律第88号）第３条第１項（適用除外）に定めるもののほか，国税に関する法律に基づき行われる処分その他公権力の行使に当たる行為（酒税法第２章（酒類の製造免許及び酒類の販売業免許等）の規定に基づくものを除く。）については，行政手続法第２章（申請に対する処分）（第８条（理由の提示）を除く。）及び第３章（不利益処分）（第14条（不利益処分の理由の提示）を除く。）の規定は，適用しない。
２　行政手続法第３条第１項，第４条第１項及び第35条第４項（適用除外）に定めるもののほか，国税に関する法律に基づく納税義務の適正な実現を図るために行われる行政指導（同法第２条第６号（定義）に規定する行政指導をいい，酒税法第２章及び酒税の保全及び酒類業組合等に関する法律（昭和28年法律第７号）に定める事項に関するものを除く。）については，行政手続法第35条第３項（行政指導に係る書面の交付）及び

第36条（複数の者を対象とする行政指導）の規定は，適用しない。

3　国税に関する法律に基づき国の機関以外の者が提出先とされている届出（行政手続法第2条第7号に規定する届出をいう。）については，同法第37条（届出）の規定は，適用しない。

（行政不服審査法との関係）
第80条　国税に関する法律に基づく処分に対する不服申立て（次項に規定する審査請求を除く。）については，この節その他国税に関する法律に別段の定めがあるものを除き，行政不服審査法（第2章及び第3章（不服申立てに係る手続）を除く。）の定めるところによる。

2　第75条第1項第2号又は第2項（第2号に係る部分に限る。）（国税に関する処分についての不服申立て）の規定による審査請求については，この節（次款及び第3款（審査請求）を除く。）その他国税に関する法律に別段の定めがあるものを除き，行政不服審査法の定めるところによる。

3　酒税法第2章（酒類の製造免許及び酒類の販売業免許等）の規定による処分に対する不服申立てについては，行政不服審査法の定めるところによるものとし，この節の規定は，適用しない。

（行政事件訴訟法との関係）
第114条　国税に関する法律に基づく処分に関する訴訟については，この節及び他の国税に関する法律に別段の定めがあるものを除き，行政事件訴訟法（昭和37年法律第139号）その他の一般の行政事件訴訟に関する法律の定めるところによる。

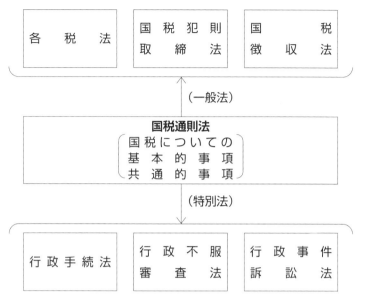

税務大学校『国税通則法(基礎編)平成29年度版』4頁より

3　国税手続に行政不服審査法が適用されるケース

　例えば，行政不服審査法では，「法令に基づく申請に対して何らの処分をもしないこと」を「行政庁の不作為」と定義付け（行審3条括弧内），行政庁の不作為についての不服申立てに係る規定を置いている。

　この行政庁の不作為については，国税通則法上，特に定めが置かれていないので，全面的に行政不服審査法により不服申立てをすることとなる。

　なお，上記行政庁の不作為の定義中の「法令に基づく申請」とは，国税関係では，例えば，更正の請求が該当する。したがって，国税通則法23条等に基づき更正の請求をしたものの，税務署長が何らの処分をしない場合が「行政庁の不作為」に該当し，行政不服審査法上の不作為についての不服申立てをすることができる。

4　他の国税に関する法律上の特別の定め

　国税通則法に定めのある手続であっても，他の国税に関する法律に同じ手続に係る規定があるものは，例えば以下のようなケースである。

　国税通則法上，納税申告書を提出した者は，一定の要件に該当する場合には当該申告書に係る国税の法定申告期限から原則として5年以内に限って，更正の請求をすることができる（税通23条1項）。

　一方，贈与税については，更正の請求期間を法定申告期限から6年間とする国税通則法の特則が相続税法に規定されている（相税32条2項）。

> ◎相続税法（昭和25年法律第73号）
> 　（更正の請求の特則）
> 第32条　〔略〕
> 　2　贈与税について申告書を提出した者に対する国税通則法第23条の規定
> 　　の適用については，同条第1項中「5年」とあるのは，「6年」とする。

　これは，贈与税に係る更正処分の期間制限について，法定申告期限から6年間とする国税通則法の特則が相続税法上に規定されていることから（相税36条1項），減額更正処分と更正の請求について，同じ期間に合わせる趣旨で規定されているものである[24]。

　このような更正の請求の特例については，所得税法152条・153条，法人税法80条の2・82条，消費税法56条等でも規定されている。

　上記1で述べたように，一般的に，所得税法，法人税法，消費税法，相続税法など課税要件とその効果について定めている法令は実体法，国税通則法や国税徴収法などは手続法に分類されている。しかし，実体法と手続法は必ずしも厳然と分けられるものではなく，上述のように，所得税法などの実体法に，国税通則法などの手続法の特例が定められている場合があり，その場合は特例が優先して適用されるので，注意が必要である。

---

[24] 平成23年12月の国税通則法の改正により，従来の「嘆願」という実務慣行を解消する趣旨から，更正の請求期間は減額更正期間と基本的に同一とされている。

5 1つの法令の中での原則と特例

　以上は異なる法令の関係であるが，1つの法令の中でも，原則と特例を規定したものが数多くあるので，同様に丁寧に読むことが必要である。

　例えば，以下に示す所得税法37条は，「別段の定めがあるものを除き」とされていることから，必要経費に係る原則を規定したものといえる。これに対して，その別段の定めに該当する同法45条（家事関連費等の必要経費不算入等）から57条（事業に専従する親族がある場合の必要経費の特例等）までの各条文は必要経費に係る特例を規定したものということができる。

◎所得税法（昭和40年法律第33号）

　（必要経費）

第37条　その年分の不動産所得の金額，事業所得の金額又は雑所得の金額（事業所得の金額及び雑所得の金額のうち山林の伐採又は譲渡に係るもの並びに雑所得の金額のうち第35条第3項（公的年金等の定義）に規定する公的年金等に係るものを除く。）の計算上必要経費に算入すべき金額は，別段の定めがあるものを除き，これらの所得の総収入金額に係る売上原価その他当該総収入金額を得るため直接に要した費用の額及びその年における販売費，一般管理費その他これらの所得を生ずべき業務について生じた費用（償却費以外の費用でその年において債務の確定しないものを除く。）の額とする。

2　山林につきその年分の事業所得の金額，山林所得の金額又は雑所得の金額の計算上必要経費に算入すべき金額は，別段の定めがあるものを除き，その山林の植林費，取得に要した費用，管理費，伐採費その他その山林の育成又は譲渡に要した費用（償却費以外の費用でその年において債務の確定しないものを除く。）の額とする。

第2節　法令の種類と構造

　租税法の個別の条文を読み解くためには、そもそも租税法がどのような構造になっているかについての理解が欠かせない。そこで、ここでは、法令の構造についての基礎的な事項を確認することとする。

I　法令の種類
1　4つの法形式

　制定される法律には、①新たに「○○法」や「○○に関する法律」という形で法律が新規に制定される「新規制定法」、②既存の法律の一部が改正される「一部改正法」（多数の法律が一本の法律で改正される場合には、「整備法」と名付けられることもある。）、③既存の法律が全面的に書き換えられる「全部改正法」及び④既存の法律が廃止される「廃止法」、という4つの形式がある〈図表3-2〉。

　なお、普段目にする法令集に掲載されている条文は、新規制定法にそれ以降の改正が反映されたものである。

〈図表3-2〉　4つの法形式

```
                ┌ 新規制定法
                │
                ├ 一部改正法
4つの法形式 ┤
                ├ 全部改正法
                │
                └ 廃　止　法
```

2　税制改正法の形式

　いわゆる税制改正法は原則として、上記の4つの形式のうち一部改正法に当

たる。例えば，平成29年度税制改正に係る法律としては，「地方税法及び航空機燃料譲与税法の一部を改正する法律（平成29年法律第２号）」，「地方交付税法等の一部を改正する法律（平成29年法律第３号）」，「所得税法等の一部を改正する等の法律（平成29年法律第４号）」及び「関税定率法等の一部を改正する法律（平成29年法律第13号）」の４本が公布されているが，これらは全て一部改正法である。

この一部改正法は，いわゆる「溶け込み方式」（インサート＆デリート方式，「改め文」（かいめぶん）とも呼ばれる。）が採られている。この方式は，「改める」，「加える」，「削る」，「…とする（条，項等の移動）」といった表現を用いて改正が行われるものである。

この方式では，一部改正法はそれ自体独立した法律ではあるものの，施行により本則に規定されている改正の内容が改正対象の法律の規定に溶け込むことによって初めて新しい規範としての意味を持つことになる。そのため，元の法律と対照して読まない限り改正の内容を正確に理解することはできない。

ここで参考までに，平成28年度税制改正法のうち，法人税の税率引下げの改正条文を以下に示す。

◎所得税法等の一部を改正する法律（平成28年法律第15号）
〔前略〕

（法人税法の一部改正）
第２条　法人税法（昭和40年法律第34号）の一部を次のように改正する。

〔中略〕

第66条第１項中「百分の二十三・九」を「百分の二十三・二」に改める。

〔後略〕

一方,「新旧対照表方式」は大変分かりやすいのだが,「溶け込み方式」に比べ,相当に大部となることからコンパクトさを重視して,一部改正法には溶け込み方式が採用され,新旧対照表は参考資料という扱いになっている〈図表3-3〉。

　例えば,平成28年度税制改正法の法人税法66条1項の改正部分は,上記の溶け込み方式ではわずか1行で表記されているが,新旧対照表では〈図表3-3〉のとおり,かなりのボリュームになることが一目瞭然である。

　なお,税制改正法案の溶け込み方式による法案全文及び新旧対照表は,財務省ウェブサイトの「国会提出法案」のコーナーでPDF形式のデータをダウンロードすることができる。また,溶け込み方式による法案全文は,衆議院ウェブサイトの「議案本文情報一覧」のコーナーにも掲載されており,こちらはコピー&ペーストができるので,引用する際に便利である。

Ⅱ　法令と条文の構造

　租税法に限らないが,1つの法令は様々な構成要素から成っている。ここでは,租税特別措置法を例に,法令の構造の大枠を確認する。

　〈図表3-4〉に示したように,法令は,一般的に,「題名」→「目次」→「本則」→「附則」の順で規定される。また,本則の前に「前文」が置かれることや,題名の次に全部改正に伴う「制定文」が付されることがある。さらに,特に租税法では,附則の後に「別表」が置かれることが多い。

〈図表3-3〉所得税法等の一部を改正する法律案新旧対照表

改正案

〔前略〕

第二条 法人税法の一部改正

法人税法(昭和四十年法律第三十四号)の一部を次のように改正する。

〔中略〕

(各事業年度の所得に対する法人税の税率)
第六十六条 内国法人である普通法人、一般社団法人等(別表第二に掲げる一般社団法人及び一般財団法人並びに公益社団法人及び公益財団法人をいう。次項及び第三項において同じ。)又は人格のない社団等に対して課する各事業年度の所得に対する法人税の額は、各事業年度の所得の金額に百分の二十三・二の税率を乗じて計算した金額とする。

2~6 省略

〔後略〕

現行

〔前略〕

(各事業年度の所得に対する法人税の税率)
第六十六条 内国法人である普通法人、一般社団法人等(別表第二に掲げる一般社団法人及び一般財団法人並びに公益社団法人及び公益財団法人をいう。次項及び第三項において同じ。)又は人格のない社団等に対して課する各事業年度の所得に対する法人税の額は、各事業年度の所得の金額に百分の二十三・九の税率を乗じて計算した金額とする。

2~6 同上

〔後略〕

〈図表3-4〉法令構造の大枠

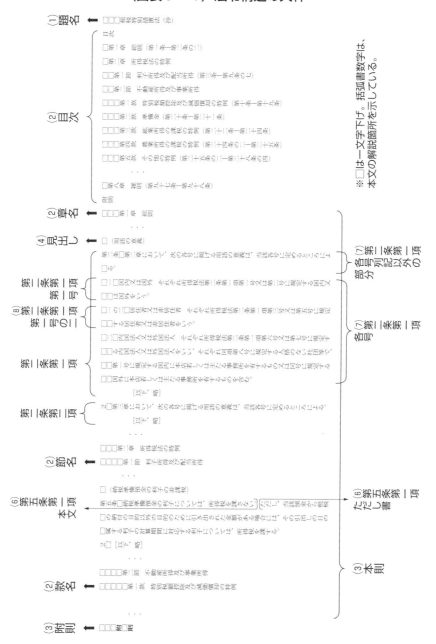

(1) 題名

① 題名の意義

「所得税法」や「法人税法」といった法令の名称を「題名」という。

誰もが知っている「民法」や「刑法」といった題名は大変短くシンプルで良いのだが、最近制定された法令の題名は比較的長いものが多い。例えば、「行政手続における特定の個人を識別するための番号の利用等に関する法律」、いわゆるマイナンバー法であるが、33文字である。もっと長いものでは、かつては100文字を超える題名の法令もあった[25]。

法令の題名の付け方についての明文の規定はないが、その法令の内容をよく表現し、かつ、簡潔であることが求められている。ただ、最近は、簡潔性よりも表現の正確性が重視され、比較的長い題名の法令が多いようである。

② 略称

長い題名の法令は、略称で呼ばれることが多い。

例えば、上に引用したいわゆるマイナンバー法は、税制抜本改革法7条6号において「番号法」という略称が、個人情報の保護に関する法律60条においては「番号利用法」という略称がそれぞれ用いられている。略称は、このように法令内で用いられるものもあれば、立案担当者などが便宜的に使用していたものが一般的に用いられることとなったものもある。上に引用した「税制抜本改革法」というのも実は略称で、正式には、「社会保障の安定財源の確保等を図る税制の抜本的な改革を行うための消費税法の一部を改正する等の法律」という題名である。

③ 法令番号

成立した法律には、公布の際に、暦年ごとに第1号、第2号、…と順番に番

---

[25] 例えば、「平成十三年九月十一日のアメリカ合衆国において発生したテロリストによる攻撃等に対応して行われる国際連合憲章の目的達成のための諸外国の活動に対して我が国が実施する措置及び関連する国際連合決議等に基づく人道的措置に関する特別措置法」(いわゆるテロ対策特別措置法。既に失効している。)は112文字である。

号が付される。この番号と公布の年を組み合わせたものを「法律番号」という。施行令等の政令や施行規則等の府省令にも，やはり暦年ごとに「法令番号」が付される。

　ある法令の中で他の法令を引用する場合の初出の箇所などでは，題名の後ろに法令番号が示される。これは，その法令を特定するためである。毎年行われる税制改正で考えれば分かりやすいが，「所得税法等の一部を改正する法律」といっただけでは，それがいつ公布された法律（何年度の税制改正法か）を指しているのか分からない。そのため，「所得税法等の一部を改正する法律（平成29年法律第4号）」というように題名と法令番号を併せ示すことによって，その法令を特定することとされている。

　参考までに，ここで挙げた法律の題名を法律番号付きで以下に表記しておく。
◎所得税法（昭和40年法律第33号）
◎法人税法（昭和40年法律第34号）
◎民法（明治29年法律第89号）
◎刑法（明治40年法律第45号）
◎行政手続における特定の個人を識別するための番号の利用等に関する法律
　（平成25年法律第27号）
◎社会保障の安定財源の確保等を図る税制の抜本的な改革を行うための消費税法の一部を改正する等の法律（平成24年法律第68号）

　なお，法令中の引用では，このように公布の年と番号が組み合わされているが，総務省行政管理局が運用する電子政府の総合窓口（e-Gov）上の旧法令データ提供システムでは，以下のように公布の年月日と番号を組み合わせて法令番号とされていた。
●法令中の引用表記：所得税法（昭和40年法律第33号）
●旧法令データ提供システムの表記：所得税法（昭和40年3月31日法律第33号）

　このためか，法令番号に月日まで表記している文献などを時々見かけるが，通常は（第〇号という番号で特定できるので）法令番号に月日を表記する必要はない。

　もっとも，旧法令データ提供システムは，現在は新たな「法令検索システム」

に移行しており、この新システムでは法令番号の表記に月日は付されていない。

④ 題名のない法律

ところで、題名のない法律があるのをご存じだろうか。

現在は法令を制定する場合には必ずその冒頭に題名が付されるが、古い法令には題名が付されていないものもある。

例えば、租税法ではないが、一般によく知られている「独占禁止法」には実は題名が付されていない。独占禁止法の正式な名称は「私的独占の禁止及び公正取引の確保に関する法律」と一般的に理解されていると思うが、この名称は題名ではなく制定時の公布文から引用された「件名」といわれるものが便宜的に用いられているものである。そのため、法令検索システム上のこの法律の冒頭には、「昭和二十二年法律第五十四号（私的独占の禁止及び公正取引の確保に関する法律）」と表記されている。

(2) 章・節等と目次

1つの法令が多数の条文から成る場合、分かりやすさと検索しやすさの観点から、本則がいくつかの「章」に区分される。

章がさらに区分される場合には、「節」を用い、それより小さな区分が必要な場合には、順に「款」、「目」が用いられる。また、非常に大きな法令の場合、章の上に「編」という区分が用いられることもある。

そして現在では、これらの章・節等の区分が設けられた場合には、必ず題名の次にその区分が一括して示されることになっている。これが「目次」である。

編から目まで全ての区分がある法律は珍しいが、租税法では、所得税法及び法人税法がこれに当たる。

(3) 本則と附則

法令のうち、題名・目次等を除く部分は、原則として本則と附則に分けられる。

「本則」は、法令の本体部分である。その中身は法令ごとに異なるが、大ま

かにいえば、目的規定や定義規定といった総則的規定、各法令の実質的な内容である実体的規定、実体的規定に関連する細目を定める雑則規定、実体的規定や雑則規定の違反に対する制裁を定める罰則規定から成っており、基本的にこの順に規定されている。

また「附則」とは、法令の付随的な事項が規定されるもので、本則の後に「附則」という表示がされた後の部分をいう（別表がある場合にはその前までを指す。「別表」については後述）。附則の冒頭には必ず法令の施行期日に関する規定が置かれ、以下、必要に応じて、既存法令の廃止に関する規定、改正に伴い法律関係が不明確になると思われる部分を明確にするための経過措置に関する規定、本則に伴う他法令の一部改正規定、この法令の有効期限に関する規定、検討条項その他の規定が設けられる（施行期日以外の順番は、必ずしもこのとおりではない。）。

* * *

以上の解説で法令の大まかな構造が理解できたと思う。以下では、〈図表3-4〉を基に、引き続き、個別の条文の構造を解説する。

条文には短いものから長いものまで様々あるが、「条」とその前に付される「見出し」が基本的な構造であり、「条」の中に必要に応じて「項」、「号」、「号の細分」が設けられている。

(4) 見出し

① 見出しの意義

法令の条文には、条名（条文番号のこと。）の上（縦書きでは右肩）に条文の内容を簡潔に表す「見出し」が付されている。

例えば、法人税法34条には、以下に示すように「（役員給与の損金不算入）」という見出しが付されている。

◎法人税法（昭和40年法律第34号）
　（役員給与の損金不算入）
第34条　内国法人がその役員に対して支給する給与（括弧内省略）のうち次に掲げる給与のいずれにも該当しないものの額は，その内国法人の各事業年度の所得の金額の計算上，損金の額に算入しない。
〔以下略〕

②　憲法84条の見出しは？

では，憲法84条の見出しが何であるかご存じだろうか。

◎日本国憲法
　？？？？？
第84条　あらたに租税を課し，又は現行の租税を変更するには，法律又は法律の定める条件によることを必要とする。

　答えは，お手元にある法令集でご確認いただきたい。インターネットで憲法の条文をご覧いただいてもいい。もっとも，多くの読者は六法を引くまでもなく，「それは『租税法律主義』でしょう！」と答えるかもしれない。ところが，著者の手許にある有斐閣の『ポケット六法』を見ると，憲法84条の見出しは「【課税】」と記載されている。
　これはどういうことかというと，実は，憲法の条文の見出しは，〈図表3-5〉に掲げるように，法令集を発行する出版社によってその記載が括弧の形も含めてまちまちなのである。また，インターネット上の「法令検索システム」においては，憲法の条文に見出しは付されていない。

〈図表3－5〉憲法84条の見出し

三省堂	［課税の要件］
新日本法規	〔租税法律主義〕
有斐閣	【課税】
法令検索システム（インターネット）	無し

　このように憲法の条文に付される見出しがまちまちである理由は，そもそも憲法の原典に見出しが付されていないからである。つまり，上記各出版社は，読者の便宜のために，それぞれの判断で，独自の見出しを付しているわけである。法令の条文に見出しが付されるようになったのは昭和24年頃からといわれており，それ以前の法令には，原則として，憲法も含めて見出しは付されていなかったのである[26]。括弧の形が異なっているのは，法令の原典の見出しに用いられる「（　）」と区別するためである（各法令集の凡例を参照）。したがって，政府がインターネット上で提供する「法令検索システム」の見出しを付さないというのが正確な表記ということである（そのため，本書においても憲法の引用条文には見出しを付していない。）。

　③　共通見出し
　原典に見出しが付されるようになった最近の法令でも，条文によっては見出しが付されていないように見えるものがある（例えば，以下に示す税理士8条）。

◎税理士法（昭和26年法律第237号）
　（試験科目の一部の免除等）
第7条　税理士試験において試験科目のうちの一部の科目について政令で

---

[26] 昭和24年以前の法令には，見出しが付されていないものと，見出しが付されていたが現在とは異なるルールで付されていたもの（例えば，裁判所法，最高裁判所裁判官国民審査法など）が混在していた。

定める基準以上の成績を得た者に対しては，その申請により，その後に行われる税理士試験において当該科目の試験を免除する。
2～5　〔略〕
第8条　次の各号のいずれかに該当する者に対しては，その申請により，税理士試験において当該各号に掲げる科目の試験を免除する。
〔以下略〕

　これは，連続する複数の条に同じカテゴリーに属する事項が規定されている場合に，その冒頭の条文の前に1つだけ見出しが付される「共通見出し」というものである。つまり，見出しが付されていないように見える条でも，その前の条を見ていけば，見出しを読むことができるというわけである。

　上記税理士法の例では，1つ上の7条に「（試験科目の一部の免除等）」という見出しが付されているので，7条と8条がグループとしてこの見出しが付されているということである。

　なお，1つの節に1つの条しかない場合などには，その節名が見出しの代わりとなるため，見出しが付されていないこともある（例えば，以下に示す相税10条）。

◎相続税法
　　　第4節　財産の所在
第10条　次の各号に掲げる財産の所在については，当該各号に規定する場所による。
〔以下略〕

④　法人税法34条の見出し

　ところで，上掲の法人税法34条の見出しについて話題になったことがあった。現行法人税法34条は，平成18年に施行された会社法に合わせて，平成18年度税制改正において役員給与税制が全面的に見直されたものである。

　この改正によって法人税法34条1項柱書で，「次に掲げる給与のいずれにも

該当しないものの額は、その内国法人の各事業年度の所得の金額の計算上、損金の額に算入しない」とされたことなどから、かつての法人税法上のスタンスが180度変わり、役員給与は原則損金不算入となったとの批判がなされた。

その批判に対して平成19年7月に立法担当者が、「法律の条文見出しが、『役員給与の損金不算入』となったことから、法人税法上は役員給与が原則損金不算入となったのではないかと指摘する向きもありますが、法人税法の構造として第22条の別段の定めを規定しようとする場合には、このような見出しや構成内容とならざるを得ないものであって、そもそも役員給与を原則損金不算入と考えているといったことではないということをご理解いただきたいと思います」[27]と反論したことから、法人税法上、役員給与は原則損金不算入か否かの問題が一躍クローズアップされたのである。

(5) 条

法令の内容は文字どおり箇条書きで表現されており、「条」とはこの箇条書きのひとまとまりをいう。条は、法令中の基本単位であり、ごく簡単なものを除き、ほとんど全ての法令の本則は、条単位で区分されている（附則については、条単位で区分される場合と項単位で区分される場合の両方がある。）。

なお、「第〇条」という条文番号の部分を「条名」という。

(6) 項

1つの条にはいくつかの事項が規定されることがあり、これがその内容に区分される場合、その内容ごとに段落を分けて書かれる。この段落を「項」という。複数の項に分けられる場合、第2項以下には算用数字で「項番号」が付される。そのため、1つの段落しかない条文に項番号は表記されない。

もっとも、古い法令（例えば憲法）には項番号が付されておらず、そのような法令については、各種法令集やインターネット上の法令検索システムでは、便宜上、丸囲み数字で項番号が付されている（例えば、第2項は「②」）。そこ

---

[27] 財務省主税局税制第三課大臣官房企画官小原昇＝同課課長補佐佐々木浩「平成19年度の法人関係（含む政省令事項）の改正について」租税研究693号（2007）23頁。

で本書においても，読者の便宜のため同様に表記している。

1つの項は，原則として1文であるが，2文から成ることもある。その場合，最初の文を「前段」，後の文を「後段」という（この場合の後段は，「この場合において，」で始まるものが多い。）。

また，後段が「ただし」という文言から始まる場合には，特に，最初の文を「本文」といい，後半の「ただし」から始まる文を「ただし書」（ただしがき）という。

(7) 号

「号」は，条又は項の中に事項を列挙する場合に用いられ，「一，二，三…」と漢数字の番号を付して列記される（これを「号名」という。）。号を更に細分するときは「イ，ロ，ハ…」が，これを更に細分するときは「（1），（2），（3）…」，「（ⅰ），（ⅱ），（ⅲ）…」が用いられる。なお，列記されるものは，名詞ないし体言止めが基本である。

条，項の中の号全体を指す場合には「各号」，号全体を除く俗に柱書（はしらがき）と称される部分を指す場合は法令用語では「各号列記以外の部分」という。

(8) 枝番号

① 枝番号の意義

法令の条名や号名には，「第○条の二」，「第○条の二の二」や「一の二」（「だいいちごうのに」と読む。）のような「枝番号」が用いられることがある。

なぜこのような枝番号が用いられるのだろうか。

一部改正により既存の法令の途中に新たな条や号が追加される場合には，原則として，追加する条や号より後の条や号を繰り下げる方法が採られる。しかし，繰下げが技術的に複雑になる場合や，繰下げにより変更される条名や号名を引用する他の法令が多数あるような場合には，形式的な改正の煩雑さを避けるために，枝番号によって後続の条や号を繰り下げることなく追加する方法が用いられるのである〈図表3-6〉。

〈図表3－6〉枝番号挿入の例

```
第1条
第2条         ＜ 第1条の2     を挿入
…
第3条の2
第4条         ＜ 第3条の3     を挿入
…
第4条の3
第4条の4      ＜ 第4条の3の2  を挿入
```

　このように，法令における枝番号の意義は，新たな条や号を挿入する際のテクニックにすぎない。法令集などで，例えば「第○条」・「第○条の二」・「第○条の二の二」といったものを一見すると，これらは関連性や従属性があるように思うかもしれないが，そのような関係はなく，枝番号のあるなしにかかわらず並列・対等の条文ということである。

　ちなみに，上記(4)③で解説した「共通見出し」については，それぞれの条文に同じ見出しが付されていることになるので，関連性を見出すことができる。

　なお枝番号は，章名，節名等にも用いられるが，「項」については条の中の段落として設けられており，条や号のように独立した単位ではないため，枝番号は用いられない。そのため，毎年の税制改正で項番号が変わることがよくあるので，注意が必要である。

　② 条文の削除

　以上のように，枝番号は法令に新たな条文を追加するためのものであるが，逆に既存の条文を削除する場合はどうするのだろうか。

　既存の条文を削除する方法としては，①既存の条文を削って後ろの条名を繰り上げる方法（一部改正法では「削る」と表記）と，②「第○条　削除」と表記して後ろの条名はそのままとする方法の2種類がある。

　前者の方法によると，後続の条文の繰上げが必要となり，前述の条文の挿入の際の後続の条文の繰下げの場合と同様に，形式的な改正の煩雑さを伴うこと

がある。そのような場合，後者の方法が採られることとなる。そのため，毎年改正される租税法では「削除」とされている条文が多数存在する。

例えば，平成22年度税制改正において法人税法上の「特殊支配同族会社の役員給与の損金不算入」に係る規定が廃止されたが，この法人税法35条は現在も以下のように「削除」というかたちで，いわば抜け殻が残されている。

◎法人税法
第35条　削除

これによって，後続の第36条以下の条名を繰り上げずに済んでいるということである。なお，当然のことかもしれないが，「削除」とされる条文には，見出しは付されない。

③　日本で最大の法律は？

我が国の現行の法律で，本則の最後の条名が最も大きいものは民法で，第1044条である。民法には枝番号の付いた条文も62あり，本則の条数は合計で1,106になる。また，「削除」とされる条文も54ある。

しかし，租税法にはもっと本則の条数の多い法律がある。それは地方税法である。地方税法の本則の最後の条名は第760条であり，民法と比べるとかなり小さいのだが，毎年の改正の結果，なんと818という膨大な数の枝番号の付いた条文がある（地方税法には，法律の中で枝番号が最も大きい条（「第72条の117」）もある。）。

そのため，地方税法は，枝番号の付いた条も合わせるとその条数は1,578となる。もちろん，かなりの数の「削除」とされる条文もあるのだが，それを差し引いても実質的には民法を超え，日本で最大の法律ということができる。

(9)　別表

法令中に表などを用いる場合，条の中にそれらが置かれることもあるが，法令の末尾（附則の後）に「別表」という形で置かれることもある。別表が複数

になる場合には,「別表第〇」といった形で表記される。

また,附則に別表がある場合があり（「附則別表」という。),本則の別表と同様に「附則別表第〇」と表記される。

租税法では,この別表が多用されており,別表も含めて条文を読むことが不可欠である。例えば,所得税法では,公共法人等の表,給与所得の源泉徴収税額表（月額表・日額表）等が別表に規定され（所税別表1〜3等),所得税法施行規則では各種支払調書等の書式が別表に規定されている（所税則別表1〜9（3））。

Ⅲ 規定の分類

法令には,その法令中の重要な用語の定義を定める定義規定,国等の抽象的な責務について定める訓示規定,法令解釈の指針を示す解釈規定など,様々な性質を持った規定がある。ここでは,そのうちの主なものを解説する。

1 目的規定と趣旨規定

多くの法律には,その第1条に目的規定又は趣旨規定が置かれている。これらの規定が法令の冒頭に置かれている理由は,その法令を読む人々に,その法令の理解を容易にし,また,その法令中の各規定の解釈指針を与えようとするためである。

(1) 目的規定とは

一般的に「目的規定」とは,「その法令の立法目的を簡潔に表現したものであり,その法令の達成しようとする目的の理解を容易ならしめるとともに,その法令の他の条文の解釈にも役立たせるという趣旨で設けられるもの」[28]と説明されている。

(2) 国税通則法の目的規定

租税法では,国税通則法（ 例1 ）や国税徴収法に目的規定が置かれている。

---

[28] ワークブック81頁。

> 例1　◎国税通則法
> （目的）
> 第1条　この法律は、国税についての基本的な事項及び共通的な事項を定め、税法の体系的な構成を整備し、かつ、国税に関する法律関係を明確にするとともに、税務行政の公正な運営を図り、もつて国民の納税義務の適正かつ円滑な履行に資することを目的とする。

　この現行国税通則法1条は、平成23年度税制改正法案において、「国税に関する国民の権利利益の保護」を図る趣旨を明確にすることが規定されていた。国税通則法の一般法である行政手続法及び行政不服審査法の目的規定において、"国民の権利利益の保護ないし救済"が明記されていること（行手1条1項、行審1条1項）に鑑みても、何ら違和感のない当然の改正であるように思われたが、残念ながらこの改正案は、国税通則法の題名の変更及び納税者権利憲章の策定と併せて、国会審議の過程で削除されてしまった[29]。

　また、平成29年度税制改正において、国税犯則調査手続に係る規定が国税通則法に編入された（国税犯則取締法は廃止。平成30年4月施行。改正税通11章）。この改正によって、国税通則法に（これまで規定されていなかった）犯則事件の調査及び処分に関する取扱いが定められることとなったので、改正の趣旨を明確にするためには同法の目的規定も見直すべきと著者は考えていたが（上記平成23年度改正で見送られていた「権利利益の保護」を挿入する良い機会であるとも思われた。）、結果的には、同法1条は改正されていない。

(3) 目的規定の形式

　一般的に目的規定は、①規定事項→②目的→③究極の目的という3段階で表現されることが多いようである[30]。

---

[29] この経緯については、青木丈「国税通則法抜本改正（平成23～27年）の経緯」青山ビジネスロー・レビュー5巻2号（2016）1頁以下を参照されたい。

[30] 目的規定の書き方の類型については、以下に解説するもののほか、ワークブック78頁以下も参照されたい。

これを 例1 の国税通則法1条にあてはめると，以下のようになる。この段階分けは，「定め」までが①規定事項，「もって」の前までが②目的，「もって」以降「目的とする」までが③究極の目的と考えればよい。

【国税通則法1条の形式】
①規定事項：
「国税についての基本的な事項及び共通的な事項」
②目的：
「税法の体系的な構成を整備し，かつ，国税に関する法律関係を明確にするとともに，税務行政の公正な運営を図」る
③究極の目的：
「国民の納税義務の適正かつ円滑な履行に資すること」

これに対して国税徴収法の目的規定（ 例2 ）は，「もって」はないが，「図りつつ」とあるのでそこまでが②目的であると段階分けすることができよう。

例2　◎国税徴収法（昭和34年法律第147号）
　　（目的）
第1条　この法律は，国税の滞納処分その他の徴収に関する手続の執行について必要な事項を定め，私法秩序との調整を図りつつ，国民の納税義務の適正な実現を通じて国税収入を確保することを目的とする。

【国税徴収法1条の形式】
①規定事項：
「国税の滞納処分その他の徴収に関する手続の執行について必要な事項」
②目的：
「私法秩序との調整を図」る

③究極の目的：
「国民の納税義務の適正な実現を通じて国税収入を確保すること」

　また，租税法ではないが最近の法律では，目的規定の冒頭に当該法律が制定された背景が述べられているものも多い（この場合，背景は「…に鑑み」と規定されることが多い。）。例えば，個人情報の保護に関する法律の目的規定（ 例3 ）は，以下のように段階分けすることができる。

| 例3 　◎個人情報の保護に関する法律（平成15年法律第57号）
　（目的）
第１条　この法律は，高度情報通信社会の進展に伴い個人情報の利用が著しく拡大していることに鑑み，個人情報の適正な取扱いに関し，基本理念及び政府による基本方針の作成その他の個人情報の保護に関する施策の基本となる事項を定め，国及び地方公共団体の責務等を明らかにするとともに，個人情報を取り扱う事業者の遵守すべき義務等を定めることにより，個人情報の適正かつ効果的な活用が新たな産業の創出並びに活力ある経済社会及び豊かな国民生活の実現に資するものであることその他の個人情報の有用性に配慮しつつ，個人の権利利益を保護することを目的とする。

【個人情報の保護に関する法律１条の形式】
①背景：
「高度情報通信社会の進展に伴い個人情報の利用が著しく拡大していること」
②規定事項：
ⅰ）「個人情報の適正な取扱いに関し，基本理念及び政府による基本方針の作成その他の個人情報の保護に関する施策の基本となる事項」
ⅱ）「個人情報を取り扱う事業者の遵守すべき義務等」

③目的：
ⅰ）「国及び地方公共団体の責務等を明らかにする」
ⅱ）「個人情報の適正かつ効果的な活用が新たな産業の創出並びに活力ある経済社会及び豊かな国民生活の実現に資するものであることその他の個人情報の有用性に配慮」する
④究極の目的：
「個人の権利利益を保護すること」

目的規定に様々なことが書かれていて長文である場合には，以上のように段階分けすることによって，その内容をしっかり理解することができるだろう。

(4) 趣旨規定とは

一方，「趣旨規定」とは，その法令で規定する事項の内容そのものを要約したものである。

租税法では，所得税法（ 例4 ），法人税法，相続税法など，課税要件を定める多くの法律に趣旨規定が置かれている。

例4 ◎所得税法
（趣旨）
第1条　この法律は，所得税について，納税義務者，課税所得の範囲，税額の計算の方法，申告，納付及び還付の手続，源泉徴収に関する事項並びにその納税義務の適正な履行を確保するため必要な事項を定めるものとする。

また，消費税法の趣旨規定の見出しは「趣旨等」とされ，1条2項において消費税収の使途が規定されている（平成26年4月施行）（ 例5 ）。

例5 ◎消費税法（昭和63年法律第108号）
（趣旨等）

> 第1条　この法律は，消費税について，課税の対象，納税義務者，税額の計算の方法，申告，納付及び還付の手続並びにその納税義務の適正な履行を確保するため必要な事項を定めるものとする。
> 2　消費税の収入については，地方交付税法（昭和25年法律第211号）に定めるところによるほか，毎年度，制度として確立された年金，医療及び介護の社会保障給付並びに少子化に対処するための施策に要する経費に充てるものとする。

　ただし，地方税法は比較的古い法律であるためか（昭和25年法律第226号。昭和25年当時は，目的規定又は趣旨規定を置く慣例がなかった。），目的規定も趣旨規定も置かれておらず，1条は用語の定義に関する規定である。なお，現行相続税法も同様に昭和25年に制定されており（法律第73号），当初は目的規定も趣旨規定も置かれていなかったのだが，平成15年度税制改正において，相続時精算課税制度の創設をはじめとする相続税法の抜本的な改正が契機となり，趣旨規定が置かれた（相税1条）。

　(5)　目的規定と趣旨規定の違い等

　以上のように，目的規定とはその法令の立法目的を簡潔に表現したものであり，趣旨規定とはその法令が規定する事項の要約である。

　また，一般的には，目的規定の見出しは「（目的）」とされ，趣旨規定は「（趣旨）」とされる。

　さらに，目的規定の文末は「目的とする。」とされ，趣旨規定は「定めるものとする。」と結ばれる。

　法案作成の場でこれら2つの規定のいずれを置くかの選択については，「この目的規定と趣旨規定の二種類の規定については，目的規定を置くのが原則であるが，法律の性質や内容によっては，目的規定がうまく書けない場合があり，また，そういうものを置くことが必ずしも適当でない場合もあるので，そういう場合には趣旨規定を置くことになっている」[31]とされている。

　いずれにしても，目的規定又は趣旨規定を読むことで，その法令が何を規定

しているのか，及びその立法の目的又は趣旨を理解することができるので，その法令の個別の条文を解釈する場合にも，その目的等に照らした合理的な解釈（趣旨解釈ないし目的論的解釈）をする手掛かりにもなる[32]。

2 定義規定

上述の目的規定や趣旨規定は各法律の1条に規定されているが，多くの法律では続く2条に定義規定を置いている。租税法においても，国税通則法，所得税法，法人税法，相続税法，消費税法，租税特別措置法，国税徴収法など，多くの法律において同様である[33]。

(1) 定義規定とは

「定義規定」とは，その法律で用いられる主な用語を定義するものである。多くの法律で1条の次に定義規定が置かれている趣旨としては，「1条として置かれる『目的規定』が手段や目的を通じて示された法律の『あらすじ』なら，2条はその法令の『主な登場人物』といえます。ですから，1条と2条を読めば，その法律のおおよその内容が分かるしくみとなっています。」[34]と説明されている。ミステリー小説に例えれば，文庫本の裏表紙にある「内容紹介」が法令の目的規定・趣旨規定であり，文庫本の冒頭にある「登場人物一覧」が法令の定義規定に該当するということである。

また，定義規定は「法令の制定権者がみずから法令の形で解釈を下したもの」とされ，法令解釈の類型の中で最も有権的なもの（法規的解釈）に位置付けられている[35]。

---

[31] 林・常識146～147頁。
[32] 荒井・常識19頁参照。
[33] ここで掲げた例では，相続税法のみ1条の2に定義規定が置かれており，その余は2条である。
[34] 吉田・常識181頁。
[35] 荒井・常識46頁参照。

(2) 定義規定の置き方

定義規定の置き方にはいくつかのパターンがあり，主なものは以下のとおりである。

① 総則的部分でまとめて定義する場合

目的ないし趣旨規定に続く2条などの総則的部分にまとめて定義規定を置く場合，租税法では，各号列記の書き方がとられることが一般的である（ 例6 ）。各号列記がとられている理由は，租税法では，定義される用語の定義方法が複雑であったり，定義される用語の数が多いからである。

例6 ◎所得税法

（定義）

第2条　この法律において，次の各号に掲げる用語の意義は，当該各号に定めるところによる。

　一　国内　この法律の施行地をいう。

　二　国外　この法律の施行地外の地域をいう。

　三　居住者　国内に住所を有し，又は現在まで引き続いて1年以上居所を有する個人をいう。

　四～七　〔略〕

　八　人格のない社団等　法人でない社団又は財団で代表者又は管理人の定めがあるものをいう。

　九～四十八　〔略〕

2　この法律において，「相続人」には，包括受遺者を含むものとし，「被相続人」には，包括遺贈者を含むものとする。

なお， 例6 の所得税法2条2項も定義規定の1つということができる。

② 個別に定義する場合

また，総則的部分ではなく，個別に必要な場所に定義規定が置かれることも

ある。例えば，所得税法28条1項は，給与所得の定義規定である（ 例7 の下線）。

例7 ◎所得税法
（給与所得）
第28条 給与所得とは，俸給，給料，賃金，歳費及び賞与並びにこれらの性質を有する給与（以下この条において「給与等」という。）に係る所得をいう。
2～6 〔略〕

このように個別の条文に定義規定が置かれるものには，所得税法13条3項のように，各号列記の書き方がとられる場合もある（ 例8 ）。

例8 ◎所得税法
（信託財産に属する資産及び負債並びに信託財産に帰せられる収益及び費用の帰属）
第13条 〔略〕
2 〔略〕
3 第1項において，次の各号に掲げる用語の意義は，当該各号に定めるところによる。
　一 集団投資信託 合同運用信託，投資信託（法人税法第2条第29号ロ（定義）に掲げる信託に限る。）及び特定受益証券発行信託をいう。
　二 退職年金等信託 法人税法第84条第1項（退職年金等積立金の額の計算）に規定する確定給付年金資産管理運用契約，確定給付年金基金資産運用契約，確定拠出年金資産管理契約，勤労者財産形成給付契約若しくは勤労者財産形成基金給付契約，国民年金基金若しくは国民年金基金連合会の締結した国民年金法第128条第3項（基金の業務）若しくは第137条の15第4項（連合会の業務）に規定する契約又はこれ

第2節 法令の種類と構造

らに類する退職年金に関する契約で政令で定めるものに係る信託をいう。

4　〔略〕

③　括弧を用いた定義

丸括弧を用いた定義もある。例えば、相続税法21条の9第5項では、同条2項の届出書を提出した者を「相続時精算課税適用者」と、その届出書に係る同条1項の贈与をした者を「特定贈与者」とそれぞれ定義づけている（ 例9 ）。

例9　◎相続税法

（相続時精算課税の選択）

第21条の9　〔略〕

2～4　〔略〕

5　第2項の届出書を提出した者（以下「相続時精算課税適用者」という。）が、その届出書に係る第1項の贈与をした者（以下「特定贈与者」という。）の推定相続人でなくなつた場合においても、当該特定贈与者からの贈与により取得した財産については、第3項の規定の適用があるものとする。

6　〔略〕

丸括弧内の定義規定には、上記のような「（以下「○○」という。）」という場合のほか、「…をいう。以下同じ。」という規定の仕方がある。後者の場合、租税法では、他の法律上の定義を引用するときに用いられることが多い。例えば、所得税法10条3項1号では、「個人番号」をいわゆる番号法（行政手続における特定の個人を識別するための番号の利用等に関する法律）上の個人番号をいうものと定義づけている（ 例10 ）。

例10　◎所得税法

（障害者等の少額預金の利子所得等の非課税）

> 第10条 〔略〕
> 2 〔略〕
> 3 〔略〕
> 一 提出者の氏名，生年月日，住所及び<u>個人番号（行政手続における特定の個人を識別するための番号の利用等に関する法律（平成25年法律第27号）第2条第5項（定義）に規定する個人番号をいう。以下同じ。）</u>，障害者等に該当する旨並びに当該金融機関の営業所等の名称及び所在地
> 〔以下略〕

(3) 略称規定

これまで解説してきた定義規定と似て非なるものとして，略称規定がある。「略称規定」とは，「法令文中で長い表現が繰り返し用いられるのを避けて，法令文を簡潔にするために設けられるもの」[36]である。

例えば，所得税法28条1項では，「俸給，給料，賃金，歳費及び賞与並びにこれらの性質を有する給与」について，括弧内で「給与等」という略称を用いることとしている（ 例7 の波線）。

このように略称規定は，丸括弧内に「以下『○○等』という。」と表記されるのが通常である。

(4) 「等」と「など」

「○○等」という表記は，定義規定においても用いられる。例えば，所得税法2条1項8号では，「人格のない社団等」を「法人でない社団又は財団で代表者又は管理人の定めがあるもの」と定義づけている（ 例6 ）。

ここで，「○○等」という法令上の用語に接したときは，原則として何らかの定義づけ又は略称として用いられていることに留意しておかなければならない。一般的な日本語としての「など」という意味とは違うということである。なお，「等」は「とう」と読む。

---

[36] ワークブック95頁。

第2節 法令の種類と構造

ちなみに，租税法ではほとんど見られないが，ごく稀に，例示のために「など」が用いられることもある（ 例11 ）。

> 例11 ◎国税通則法
> 　（審理手続の計画的遂行）
> 　第97条の2　担当審判官は，審査請求に係る事件について，審理すべき事項が多数であり又は錯綜している<u>など</u>事件が複雑であることその他の事情により，迅速かつ公正な審理を行うため，第95条の2から前条第1項まで（口頭意見陳述等）に定める審理手続を計画的に遂行する必要があると認める場合には，期日及び場所を指定して，審理関係人を招集し，あらかじめ，これらの審理手続の申立てに関する意見の聴取を行うことができる。
> 　2・3　〔略〕

(5)　定義規定と略称規定の違い

　先に定義規定と略称規定は「似て非なるもの」と述べたが，（既にお気づきかもしれないが）この両者の区別は難しい場合がある。

　例えば，前述のように所得税法2条1項8号は「人格のない社団等」の定義規定であるが，同じ「人格のない社団等」について，国税通則法3条では括弧内で定義づけられている（ 例12 ）。

> 例12 ◎国税通則法
> 　（人格のない社団等に対するこの法律の適用）
> 　第3条　法人でない社団又は財団で代表者又は管理人の定めがあるもの<u>（以下「人格のない社団等」という。）</u>は，法人とみなして，この法律の規定を適用する。

　この国税通則法3条の規定ぶりだと，「人格のない社団等」は「法人でない社団又は財団で代表者又は管理人の定めがあるもの」の略称であるととらえる

こともできるかもしれない。

　もっとも，定義規定か略称規定かの違いで，その条文の解釈の仕方が変わるということはないので，両者の区別についてあまり気にする必要もなさそうである。

(6)　定義（略称）規定の及ぶ範囲

　所得税法2条（ 例6 ）のように，「この法律において，…」とされる定義規定は，その法律全体に有効な定義である（附則や別表にも有効）[37]。

　また，相続税法21条の9第5項（ 例9 ）や国税通則法3条（ 例12 ）のように「以下『○○』という。」とか，「…をいう。以下同じ。」とされる定義（略称）規定は，「以下」とあるので，その定義（略称）規定よりも前の条文にその定義（略称）は及ばない。

　また，所得税法28条1項括弧内（ 例7 ）の「以下この条において『給与等』という」のように略称の及ぶ範囲が具体的に示されている場合もある。

　特に略称規定については，以上のようにその有効範囲を示して規定されることが通常である。

　一方，所得税法28条1項の「給与所得」の定義規定（ 例7 の下線）のように，定義の有効範囲が示されていない場合もある。このような場合は，その法律（所得税法）の全体に有効な定義と考えてよいだろう。

(7)　租税法に定義規定がない場合～借用概念

　以上の定義規定のように租税法で独自に用いられている概念を「固有概念」というが，これに対して，租税法上特に定義規定が置かれておらず既に他の法律分野で明確に意味内容が与えられている概念を「借用概念」という。

　例えば，所得税法2条1項3号（ 例6 ）の居住者の定義に出てくる「住所」や「居所」といった用語が典型的な借用概念である。「住所」及び「居所」は，租税法上に定義規定はないが，民法22条及び23条に定められている（ 例13 ）。

---

[37] ただし，一部改正法は別の法律であるため，その法律が改正された際の一部改正法の附則には及ばない（吉田・常識185頁）。

> 例13　◎民法（明治29年法律第89号）
> 　　（住所）
> 　第22条　各人の生活の本拠をその者の住所とする。
> 　　（居所）
> 　第23条　住所が知れない場合には，居所を住所とみなす。

したがって，例えば「住所」は基本的には，租税法上も民法と同じ意味で，「各人の生活の本拠」と解せばよいということである。

3　解釈規定

上述の目的規定及び趣旨規定並びに定義規定は，いずれも法規的解釈を示すものである。「法規的解釈」とは，立法者がその解釈を条文自体に書き込んでいるもののことである[38]。法規的解釈を示すものとして，上記の諸規定のほか，解釈規定がある。

(1)　解釈規定とは

「解釈規定」とは，当該条文の内容が解釈の方向性を積極的に示しているものをいう。いわば解釈規定とは，立法者からのメッセージであるということができる。

解釈規定の典型例として，民法2条を挙げることができる（例14）。

> 例14　◎民法
> 　　（解釈の基準）
> 　第2条　この法律は，個人の尊厳と両性の本質的平等を旨として，解釈しなければならない。

---

[38] 吉田・常識25頁。

(2) 国税通則法上の解釈規定

租税法の規定でいえば，例えば国税通則法74条の8が解釈規定に該当する（例15）。

> 例15　◎国税通則法
> （権限の解釈）
> 第74条の8　第74条の2から前条まで（当該職員の質問検査権等）の規定による当該職員の権限は，犯罪捜査のために認められたものと解してはならない。

この規定は，国税通則法7章の2（国税の調査）に規定されている質問検査権は租税の公平・確実な賦課徴収のために必要な資料の取得収集を目的とするものであって，犯罪の調査を目的とするものではないことを確認的に示しているものである[39]。したがって，質問検査権は，犯罪調査に直接結びつく作用を一般的に有するものではなく，その行使については憲法35条（住居等の不可侵）及び38条（自己に不利益な供述，自白の証拠能力）は適用がないものと解すべきということになる（最大判昭和47年11月22日刑集26巻9号554頁）。

なお，国税通則法には，34条の6（納付受託者の帳簿保存等の義務）5項，46条の2（納税の猶予の申請手続等）13項及び97条（審理のための質問，検査等）5項にも同様の趣旨の解釈規定が置かれている。

(3) 法人税法上の解釈規定

また，法人税法151条5項も解釈規定である（例16）。

> 例16　◎法人税法
> （代表者等の自署押印）
> 第151条　〔略〕

---

[39] 金子・租税法906頁。

> 2～4 〔略〕
> 5 前各項の規定による自署及び押印の有無は，法人税申告書の提出による申告の効力に影響を及ぼすものと解してはならない。

　この規定は，法人税の申告書に自署押印がない場合であっても，その申告書が無効となるものではなく有効であることを確認的に示しているものである。
　ただし，自署押印の違反については，法人税法161条本文において１年以下の懲役又は50万円以下の罰金に処する旨の罰則が定められている（情状により，その刑の免除が認められる（同条ただし書））。
　なお，自署押印の制度は事業税においても採用されており，地方税法に同様の趣旨の規定がある（自署押印の効力につき地税72条の35第５項，罰則につき同72条の36）。

　(4) 税理士法上の解釈規定
　以上のように，租税法の解釈規定は「…と解してはならない。」とされるものが多いのだが，税理士法には同様の言い回しの解釈規定が７つある（税理士33条（署名押印の義務）４項及び５項，35条（意見の聴取）４項，48条の20（違法行為等についての処分）４項，49条の19（一般的監督）２項，53条（名称の使用制限）４項並びに55条（監督上の措置）２項）。
　このうち税理士法33条４項（例17）は，前述の法人税法151条５項（例16）と似たような解釈規定で，関与税理士による署名押印の効力が規定されている。なお，関与税理士による署名押印の違反については，前述の法人税法161条のような罰則規定はない。

> 例17 ◎税理士法
> 　（署名押印の義務）
> 第33条 〔略〕
> 　2・3 〔略〕

> 4　第1項又は第2項の規定による署名押印の有無は，当該書類の効力に影響を及ぼすものと解してはならない。
> 5　〔略〕

　また，税理士法35条4項は，関与税理士からの意見の聴取の有無は当該調査に係る処分，更正又は審査請求についての裁決の効力に影響を及ぼすものと解してはならないと規定している。

　さらに，税理士法49条の19第2項及び55条2項については，前述の国税通則法74条の8（ 例15 ）と同様の趣旨の規定である。

4　実体的規定

　以上のように，法令には様々な性質を持った規定があるが，その多くは，一定の強制力を持って，行政と私人の間又は私人相互間の権利義務関係について定める「実体的規定」である。

　実体的規定は，基本的に，ある一定の条件を満たした場合には，ある一定の効力が発生するという構成になっている。この条件のことを「法律要件」（租税法では，「課税要件」とも称される。）といい，効力のことを「法律効果」という。すなわち，権利義務関係について定める実体的規定は，単純化すると，

　「Aという要件を満たした場合には，Bという効果が発生する」

という構造になっているということである。

　租税法でこのような構造を有する実体的規定の分かりやすい例として，所得税法5条を次に掲げる（ 例18 ）。

> 例18　◎所得税法
> 　（納税義務者）
> 第5条　居住者は，この法律により，所得税を納める義務がある。
> 2　非居住者は，次に掲げる場合には，この法律により，所得税を納める義務がある。

一　<u>第161条第1項（国内源泉所得）に規定する国内源泉所得（次号において「国内源泉所得」という。）を有するとき（同号に掲げる場合を除く。）</u>。
　二　<u>その引受けを行う法人課税信託の信託財産に帰せられる内国法人課税所得（第174条各号（内国法人に係る所得税の課税標準）に掲げる利子等，配当等，給付補塡金，利息，利益，差益，利益の分配又は賞金をいう。以下この条において同じ。）の支払を国内において受けるとき又は当該信託財産に帰せられる外国法人課税所得（国内源泉所得のうち第161条第1項第4号から第11号まで又は第13号から第16号までに掲げるものをいう。以下この条において同じ。）の支払を受けるとき</u>。
3　内国法人は，<u>国内において内国法人課税所得の支払を受けるとき又はその引受けを行う法人課税信託の信託財産に帰せられる外国法人課税所得の支払を受けるとき</u>は，<u><u>この法律により，所得税を納める義務がある</u></u>。
4　外国法人は，<u>外国法人課税所得の支払を受けるとき又はその引受けを行う法人課税信託の信託財産に帰せられる内国法人課税所得の支払を国内において受けるとき</u>は，<u><u>この法律により，所得税を納める義務がある</u></u>。

＊＊＊
※<u>下線</u>は法律要件（課税要件）を，<u><u>二重下線</u></u>は法律効果をそれぞれ示している。

　この法律要件⇒法律効果の構造を把握することが法解釈であり，具体的な事実関係がその法解釈により導き出された判断枠組み（規範）に該当するかあてはめを行う作業によって，個別具体的な権利義務関係が明らかになるわけである。

第3節　条文等の引用方法

ここではあらためて，法令の中で他の法令の条文等を引用する際のルール等を解説する。これを知っておけば，法的な文書や論文などを作成するときに必ず役立つはずだからである。

I　題名の引用

法令の題名を引用する場合，初回に引用する題名の後ろに括弧書で法令番号が付されることになっている（2回目以降の引用箇所では法令番号は付されない。 例1 の下線）。また，長い題名の法令を引用する場合には，「（以下「○○法」という。）」と表記して，略称が用いられることがある（ 例1 の下線）。

> 例1　◎地方税法（昭和25年法律第226号）
> （報酬給与額の算定の方法）
> 第72条の15　〔略〕
> 2　法人が労働者派遣事業の適正な運営の確保及び派遣労働者の保護等に関する法律（昭和60年法律第88号。以下この項において「労働者派遣法」という。）第26条第1項又は船員職業安定法（昭和23年法律第130号）第66条第1項に規定する労働者派遣契約又は船員派遣契約に基づき，労働者派遣（労働者派遣法第2条第1号に規定する労働者派遣をいう。以下この項において同じ。）若しくは船員派遣（船員職業安定法第6条第11項に規定する船員派遣をいう。以下この項において同じ。）の役務の提供を受け，又は労働者派遣若しくは船員派遣をした場合には，前項の規定にかかわらず，次の各号に掲げる法人の区分に応じ，当該各号に定める金額をもつて当該法人の報酬給与額とする。
> 〔以下略〕

論文などで現行法令の題名を引用する際は法令番号まで付す必要はないかも

しれないが，全部改正された法令の旧法を引用する場合は特に注意を要する。なぜなら，全部改正に伴い法令番号が変わるからである。そのため，例えば，現行所得税法は昭和40年に全部改正されたものなので（法律第33号），当該改正前の所得税法を引用する際には「所得税法（昭和22年法律第27号。以下「旧所得税法」という。）」というような表記にする必要がある（法令番号を付すとともに，略称で違いを明確にする工夫も必要）。

また，論文などでの法令の引用で，いきなり略称を表記しているものを時々見かけるが，不明瞭な記述となることもあるので，法令内での引用方法に準じて，正しい題名を明記するべきである（必要に応じて以後は略称を使用する。）。例えば，いきなり「情報公開法」と言われても，それが「行政機関の保有する情報の公開に関する法律」か「独立行政法人等の保有する情報の公開に関する法律」のいずれの法律を指すのかが分からない。その場合は，「行政機関の保有する情報の公開に関する法律（平成11年法律第42号。以下「情報公開法」という。）」というような表記にすべきである（法令内で用いられている略称は「行政機関情報公開法」。同様に独立行政法人等の保有する情報の公開に関する法律は「独立行政法人等情報公開法」）。

Ⅱ　条文の引用

条文の引用は，上記 例1 （波線）に示したように，必要に応じて，項番号や号名まで表示される。

1　前段・後段

法令の条項は，1文によることが原則である（これが，租税法の条文に括弧書が多く，難解たる所以の1つと考えられる。）。

ただし，例外的に1つの条項が2文から成ることもある。この場合，最初の文を「前段」，後の文を「後段」といい（ 例2 ），当該条文を引用するときは，「第○条第○項前段／第○条第○項後段」と表記される。

> 例2 ◎所得税法
> 　（納税地の特例）
> 第16条　〔略〕
> 2　〔略〕
> 3　《第1項の規定の適用を受けようとする者は，その住所地の所轄税務署長に対し，その住所地及び居所地，その居所地を納税地とすることを便宜とする事情その他財務省令で定める事項を記載した書類を提出しなければならない。》《この場合において，当該書類の提出があつたときは，その提出があつた日後における納税地は，その居所地とする。》
> 4～6　〔略〕
> ＊＊＊
> ※前段，後段の区分けを《》で表示。ここでは最初の《》が「第16条第3項前段」，その次が「第16条第3項後段」となる。

　この場合の後段は，例2のように，「この場合において，」で始まるものが多い。

　なお，古い法令には1つの条項が3文から成る場合もわずかながらあり，これについては「前段・中段・後段」と呼ぶこととされている。4文以上の例は現在見当たらないが，仮にあるとすれば「第一段，第二段，第三段，…」と呼ぶことになる。

2　本文・ただし書

　以上が例外的に1つの条項が2文以上から成っている場合の原則であるが，特に，後段が「ただし」という文言から始まる場合には，最初の文を「本文」といい，後ろの「ただし」から始まる文を「ただし書」（ただしがき）といい（例3），当該条文を引用するときは，「第○条第○項本文／第○条第○項ただし書」と表記される。

> 例3 ◎所得税法
> （扶養親族等の判定の時期等）
> 第85条　《第79条第1項（障害者控除），第81条（寡婦（寡夫）控除）又は第82条（勤労学生控除）の場合において，居住者が特別障害者若しくはその他の障害者，寡婦，寡夫又は勤労学生に該当するかどうかの判定は，その年12月31日（その者がその年の中途において死亡し又は出国をする場合には，その死亡又は出国の時。以下この条において同じ。）の現況による。》《ただし，その居住者の親族（扶養親族を除く。以下この項において同じ。）がその当時既に死亡している場合におけるその親族がその居住者の第2条第1項第30号イ又は第31号（定義）に規定する政令で定める親族に該当するかどうかの判定は，当該死亡の時の現況による。》
> 2～6　〔略〕
>
> ＊＊＊
> ※本文，ただし書の区分けを《》で表示。最初の《》が「第85条第1項本文」，その次が「第85条第1項ただし書」となる。

Ⅲ　条文の要旨

　所得税法や法人税法など国税に関する法令では，条文を引用する際に括弧書で見出しのようなものが付される場合がある（ 例3 の波線）。これは，引用する条文の「要旨」を示すもので，条を引用する場合は当該条文の見出しの文言をそのまま用い，条の中の特定の項や号であればその内容に応じた要旨が付されるのが通例である。財務省所管の国税及び関税に関する法令などでよく見られる用法であり，その他の法令で見かけるのは，稀といってよいだろう。

Ⅳ　柱書・括弧内

　ここでとりあげる「柱書」及び「括弧内」という表記については，法令内の用法ではないが，主要な文献などで用いられている一般的な用法であるので，

論文などを作成するときに役立つと思い，ここで解説しておく。

　前節Ⅱ（7）（46頁）で述べたように，条項中の号全体を指す場合には「各号」，号全体を除く部分を法令用語では「各号列記以外の部分」という（法令中の引用においても，このように表記される。）。この「各号列記以外の部分」のことを一般的な文献などでは「柱書」（はしらがき）と称しているので，論文などでも「柱書」と表記すればよいだろう（ 例4 ）。

　また，条項中の（　）内を引用する際，一般的な文献などでは「括弧内」と表記されている（ 例4 ）。

例4 　◎所得税法

　（受託法人等に関するこの法律の適用）

第6条の3　受託法人（法人課税信託の受託者である法人（その受託者が個人である場合にあつては，当該受託者である個人）について，前条の規定により，当該法人課税信託に係る信託資産等が帰属する者としてこの法律の規定を適用する場合における当該受託者である法人をいう。以下この条において同じ。）又は法人課税信託の委託者若しくは受益者についてこの法律の規定を適用する場合には，次に定めるところによる。

　一～九　〔略〕

＊＊＊

※下線部（波線部を含む。）を引用する際は，「第6条の3柱書」と表記する。波線部のみを引用する際は，「第6条の3柱書括弧内」と表記する。

第4節 法令における用字，用語等の表記の基準

　ここでは，法令における用字・用語の表記方法の基準について，租税法上の実際の条文の例もとりあげながら確認していく。

　ただし，以下で説明する基準は，原則的なものではあるものの厳格なルールではなく，読みやすさを確保するなどの理由から，原則に当てはまらない例外も多数存在することをあらかじめ述べておく。

I　漢字及び仮名の用法の基本

　法令における漢字及び仮名の使用については，『法令における漢字使用等について』（平成22年11月30日内閣法制局長官決定）によることとされているので，以下では，そこで示されている主なルールを解説する。

1　漢字使用等のルール

(1) 総説

　漢字使用は，原則として，『常用漢字表』（平成22年内閣告示第2号）及び『公用文における漢字使用等について』（平成22年内閣訓令第1号）によるものとされ，字体については，通用字体が使用される。常用漢字表は，もともと昭和56年に内閣告示で定められたものが，平成22年に改められた。

(2) 同じ法令内での新旧用語の混在

　常用漢字表ができたり，改められたりしても，それに合わせて既存の法令の漢字表記を全て改めるということはしない。それぞれの条文が改正される際に，併せて現行の常用漢字表などに従った表記に改められる。そのため，同じ法令の中で，同じ文言に異なる漢字表記が用いられていることがある。

　例えば，常用漢字表の改訂で「隠蔽」をこのように表記することとされたことに伴い，現行の租税法において，従来の「隠ぺい」との混在が見られる。例えば法人税法34条3項，55条1項・2項，123条2号及び127条1項3号は，現

行の常用漢字表決定後に税制改正があったので（34条3項は平成26年度，その余は平成27年度税制改正による。）それと併せて従来の「隠ぺい」が「隠蔽」に改められている。これに対して同法4条の5第1項3号は，この間改正されていないので，なお従前のまま「隠ぺい」と表記されている。

　同様の理由から，「全て」と「すべて」，「棚卸資産」と「たな卸資産」，「付記」と「附記」，「補塡」と「補てん」などについても租税法の中で混在が見られる（いずれも前者が現在のルールに則った表記）。

　(3)　「付記」と「附記」

　以上のうち特に「付記」については，現在でも書籍などで「附記」と誤って表記されているのを散見するので，ここで解説しておく。

　「付記」が現在でも「附記」と誤表記されてしまう理由の1つは，現行所得税法で「附記」と表記されているためと考えられる（所税110条3項，150条2項，154条2項，155条2項）。しかし，現行法人税法では，「付記」と表記されているのである（法税127条4項，130条2項）。なお，同法のこれらの規定は現行常用漢字表決定後に改正されたわけではなく，当初から「付記」とされている。

　現行所得税法と法人税法は，同じタイミングで全部改正されているので（所得税法（昭和40年法律第33号），法人税法（昭和40年法律第34号）で公布日も同日），両法の表記が異なることは一見すると不思議である。

　実は，昭和40年当時はまだ現在のような常用漢字表はなく，法令や公用文において使用することができる漢字を羅列しただけの当用漢字表しかなかった。そのため，「附」と「付」のどちらを用いるべきであるかということは決まっていなかったのである。

　しかし現在は，「附」という漢字は，「附属」，「寄附」，「附箋」，「附則」，「附帯」及び「附置」という6つの熟語に限って用いることとされている（この6つ以外には全て「付」が用いられる。）[40]。したがって，新しくこの語を用いる

---

[40] 法令用語用字研究会監修『法令用字用語必携』（ぎょうせい，第4次改訂版，2011）290頁参照。

場合には,「附記」ではなく「付記」と書くのが正しいことになる。

　ちなみに,国税通則法85条2項は平成25年度税制改正において,同法89条2項は平成26年6月の改正において,それぞれ「附記」を「付記」に改められている。

　(4)　康熙字典体などの古い漢字

　いわゆる康熙字典体など,現在の通用字体と同一性が認められる古い漢字については,すでに通用字体に置き換えられているものとして扱うこととされている。したがって,改正の際などに当該字句を引用する場合には通用字体で引用される。

　そのため,例えば,「發表」は「発表」と,「國有財産」は「国有財産」と,「團体」は「団体」と,「條例」は「条例」と,それぞれ置き換えてよいということである（法令集で「日本國憲法」ではなく「日本国憲法」と表記されているからといって,もちろん日本国憲法が改正されているわけではない。)。

　(5)　副詞・連体詞・接続詞

　副詞（例：「直ちに」「例えば」「特に」「初めて」「専ら」）及び連体詞（例：「大きな」「小さな」「我が（国)」）は,原則として,漢字で表記される。

　ただし,文章を柔らかくするために,常用漢字表にあっても平仮名で表記すべきとされているものもあるので,論文などの執筆に際して副詞及び連体詞を漢字表記することにそれほど拘る必要もないだろう。

　接続詞（例：「かつ」「したがって」（動詞の「…に従って」はこのように漢字表記）「ただし」）は,原則として平仮名表記であるが,「及び」,「並びに」,「又は」及び「若しくは」の4語のみは,このように漢字で表記される。

　もっとも,有斐閣や弘文堂などの一部の（しかし有力な）出版社では,原則として接続詞は全て平仮名表記のルールを採用していることに留意しておく必要がある。すなわち,これらの出版社が刊行する書籍などでは,「および」,「ならびに」,「または」及び「もしくは」の4語についても,このように平仮名表記されているので,論文などで引用する場合には要注意である。

(6) 拗音及び促音

　拗音（ゃ，ゅ，ょ）及び促音（っ）については，『法令における拗（よう）音及び促音に用いる「や・ゆ・よ・つ」の表記について』（昭和63年7月20日内閣法制局総発第125号）により，昭和63年12月以降に新規提出された法案から小文字で表記されるようになったが，従前の法令の一部改正に当たっては，バランスの観点から従前どおり大文字を用いることとされている。

　現行の租税法は，そのほとんどが昭和63年12月以前に制定されているので，従前どおり大文字表記である。なお，消費税法（昭和63年法律第108号）は，昭和63年12月に公布されているが，国会提出は同年7月であったので，やはり大文字表記である。

Ⅱ　送り仮名の付け方

　送り仮名については，原則として，『送り仮名の付け方』（昭和48年内閣告示第2号）によることとされているが，特に複合語の一部には，次に示すような特徴的な例外があり，注意が必要である。

　すなわち，動詞系の複合語は，原則として，次の例示のように，動詞のときには途中の送り仮名を付け，名詞のときには付けないことになっている。さらに，名詞の後ろに別の名詞が付くときは，途中となる送り仮名は付けないことになっている（下記の法税14条1項17号も参照）。

（例）　「売り上げる」⇔「売上げ」⇔「売上高」
　　　　「取り扱う」⇔「取扱い」⇔「取扱者」
　　　　「取り消す」⇔「取消し」⇔「取消処分」
　　　　「申し立てる」⇔「申立て」⇔「申立書」

◎法人税法
　　（みなし事業年度）
　第14条　〔略〕

一～十六　〔略〕
　十七　連結法人が第４条の５第１項（連結納税の承認の取消し）の規定により第四条の二の承認を取り消された場合　その取り消された日（以下この号において「取消日」という。）の属する連結事業年度開始の日から当該取消日の前日までの期間，当該取消日からその連結事業年度終了の日までの期間及びその終了の日の翌日から当該翌日の属する事業年度終了の日までの期間
〔以下略〕

Ⅲ　外来語の用法

　元来は外国語であるが日本語に取り入れられて使用されている言葉については，『外来語の表記』（平成３年１月７日　国語審議会答申）に従い，次のように表記される。

　まず，外来語の音訳であることが明らかであり，かつ，一般の人々にそのように意識されているものについては，カタカナで表記される。

　そして，具体的な表記の仕方については，①語形やその書き表し方については，その慣用が定まっているものはそれにより，②国語化の程度が高い語は，「ア，イ，ウ，…，ガ，ギ，グ…，パ，ピ，プ…，キャ，キュ，キョ…，ン，ッ，ー，シェ，ツァ，デュ…」で書き表し，その程度がそれほど高くない語や地名・人名のようにある程度外国語に近く書き表す必要のある語は，「イェ，ウィ，クャ，ツィ，トゥ，グァ，ドゥ，ヴァ，テュ，フュ，ヴュ…」で書き表すものとされている。

Ⅳ　句読点の用法

１　句点の用法

(1)　総説

　まず，当たり前だが，文章の終わりには，原則として，句点（「。」）が打たれる。もっとも，句点の用法の特徴は，以下に述べる句点を打たない例外にあるといえる。

すなわち，括弧内や号の末尾が名詞形のときは，句点を打たないという例外がある。ただし，その後に文章が続くときは，句点が打たれる（以下に示す相税10条1項各号参照）。

ちなみに，法制執務の現場では，慣例として，句点のことを「マル」と呼んでいる。

◎相続税法
　　　第4節　財産の所在
第10条　次の各号に掲げる財産の所在については，当該各号に規定する場所による。
　一　動産若しくは不動産又は不動産の上に存する権利については，その動産又は不動産の所在。ただし，船舶又は航空機については，船籍又は航空機の登録をした機関の所在
　二　鉱業権若しくは租鉱権又は採石権については，鉱区又は採石場の所在
　三～六　〔略〕
　七　貸付金債権については，その債務者（債務者が二以上ある場合においては，主たる債務者とし，主たる債務者がないときは政令で定める一の債務者）の住所又は本店若しくは主たる事務所の所在
　八　社債（特別の法律により法人の発行する債券及び外国法人の発行する債券を含む。）若しくは株式，法人に対する出資又は政令で定める有価証券については，当該社債若しくは株式の発行法人，当該出資のされている法人又は当該有価証券に係る政令で定める法人の本店又は主たる事務所の所在
〔以下略〕

(2)　こととときは丸，ものはなし

また，括弧内や号の末尾が「こと」又は「とき」のときは句点を打ち，「もの」のときは句点を打たないというルールがある（以下に示す相続税法の各条文参

照)。なかなかややこしい取扱いであるが，論文などを執筆する場合は覚えておくべきルールである。この点，元総務官僚で現在は参議院議員である礒崎陽輔氏は，「ことときは丸，ものはなし」と丸覚えすることを勧めている[41]。

◎相続税法
〔「こと。」の例〕
　（更正の請求の特則）
第32条　〔略〕
　一・二　〔略〕
　三　遺留分による減殺の請求に基づき返還すべき，又は弁償すべき額が確定したこと。
〔以下略〕

〔「とき。」の例〕
　（贈与又は遺贈により取得したものとみなす場合）
第8条　〔略〕
　一　債務者が資力を喪失して債務を弁済することが困難である場合において，当該債務の全部又は一部の免除を受けたとき。
〔以下略〕

〔「もの」の例〕
　（相続税の非課税財産）
第12条　次に掲げる財産の価額は，相続税の課税価格に算入しない。
　一　〔略〕
　二　墓所，霊びよう及び祭具並びにこれらに準ずるもの
〔以下略〕

---

[41] 礒崎・公用文63頁。

2　読点の用法

次に，法令における読点（「,」）の用法を解説する。

とはいえ，法令における読点の用法の明確なルールがあるわけではなく，以下に解説する基準は一般的ではあるものの厳格なルールではない。読みやすさを確保するなどの理由から，これに当てはまらない例外も多数存在することをあらかじめ述べておく。

ちなみに，法制執務の現場では，慣例として，読点のことを「ポツ」と呼んでいる。

(1)　原則的用法

まず，大原則として，単文（「単文」とは，「主語＋述語」の関係が1つしかない文をいう。）の主語の下には読点が打たれる（ 例1 の下線）。

例1　◎所得税法
　（課税所得の範囲）
第7条　所得税は，次の各号に掲げる者の区分に応じ当該各号に定める所得について課する。
　一　〔略〕
　二　非永住者　第95条第1項（外国税額控除）に規定する国外源泉所得（その控除対象配偶者が老人控除対象配偶者である場合には，48万円）以外の所得及び国外源泉所得で国内において支払われ，又は国外から送金されたもの
〔以下略〕

これは，主題を表す助詞の付いた文節など主語に準ずる場合も同様である（ 例2 の下線）。

> 例2 ◎所得税法
> 　（非課税所得）
> 第9条　次に掲げる所得については，所得税を課さない。
> 〔以下略〕

また，重文（「重文」とは，「主語＋述語」の関係が2つ以上ある文をいう。）や条件節の中では，主語等の下でも，読点は打たれない（例3の下線（条件節の例））。

> 例3 ◎所得税法
> 　（配偶者控除）
> 第83条　居住者が控除対象配偶者を有する場合には，その居住者のその年分の総所得金額，退職所得金額又は山林所得金額から38万円（括弧内省略）を控除する。
> 2　〔略〕

> ◎単文と重文の読点の打ち方の違い[42]
> 　〔単文〕おじいさんは，山へ柴刈りに行った。
> 　〔重文〕おじいさんは山へ柴刈りに行き，おばあさんは川へ洗濯に行った。

　(2)　その他例外的用法

　2個の用言，3個以上の名詞・用語を並列する場合には，読点が打たれる。ただし，「及び」・「並びに」・「又は」・「若しくは」の直前が名詞形のときは，読点は打たれない（例4の下線，例1の波線）。また，「かつ」であれば「，かつ，」として，「かつ」の上下が読点ではさまれる（例5）（ただし，文脈上内容において不可分一体の形容詞や副詞をつなげる場合には，「かつ」の上下に読点は打たれない（次節Ⅰ2（91頁）参照））。

---

[42] この例示については，礒崎・公用文67頁参照。

例4 ◎所得税法
　（雑所得）
　第35条　雑所得とは，利子所得，配当所得，不動産所得，事業所得，給与所得，退職所得，山林所得，譲渡所得及び一時所得のいずれにも該当しない所得をいう。
　2・3　〔略〕
　4　第2項に規定する公的年金等控除額は，次の各号に掲げる金額の合計額とする。ただし，当該合計額が70万円に満たないときは，70万円とする。
　一・二　〔略〕

例5 ◎国税通則法
　（目的）
　第1条　この法律は，国税についての基本的な事項及び共通的な事項を定め，税法の体系的な構成を整備し，かつ，国税に関する法律関係を明確にするとともに，税務行政の公正な運営を図り，もつて国民の納税義務の適正かつ円滑な履行に資することを目的とする。

　「ただし」や「この場合において」の下には，読点が打たれる（例4の波線）。
　また，「……の場合において，……ときは，」のような条件文には，読点が打たれる（例6の下線）。
　「……であって，……もの」，「……で，……もの」のような名詞を説明する場合には，説明の部分が長いときや誤読のおそれがあるときには読点が打たれるが，そうでないときには読点は打たれない（例6の波線）。

|例6| ◎所得税法
　　（障害者等の少額預金の利子所得等の非課税）
第10条　〔略〕
2　非課税貯蓄申込書は，次項に規定する非課税貯蓄申告書の提出の際に経由した金融機関の営業所等に対してのみ提出することができるものとし，その提出に当たつては，当該金融機関の営業所等の長にその者の身体障害者福祉法第15条第4項の規定により交付を受けた身体障害者手帳，国民年金法第15条第3号（給付の種類）に掲げる遺族基礎年金の年金証書その他の政令で定める書類の提示又は当該書類の提示に代えて政令で定めるところにより行う署名用電子証明書等（電子署名等に係る地方公共団体情報システム機構の認証業務に関する法律（平成14年法律第153号）第3条第1項（署名用電子証明書の発行）に規定する署名用電子証明書（第5項において「署名用電子証明書」という。）その他の電磁的記録（電子的方式，磁気的方式その他の人の知覚によつては認識することができない方式で作られる記録であつて，電子計算機による情報処理の用に供されるものをいう。第5項において同じ。）であつて財務省令で定めるものをいう。）の送信をしなければならないものとする。
3～5　〔略〕
6　第3項又は第4項の場合において，非課税貯蓄申告書又は同項の申告書がこれらの規定に規定する税務署長に提出されたときは，これらの規定に規定する金融機関の営業所等においてその受理がされた日にその提出があつたものとみなす。
7・8　〔略〕

V　括弧（「　」・（　））の用法

　法令において用いられる括弧書には，かぎ括弧（「　」）と丸括弧（（　））の2つがある。ここでは，これらの用法を解説する。

1 かぎ括弧(「　」)の用法

法令におけるかぎ括弧(「　」)の用法には,主として,以下に示す3つのパターンがある。

(1) 用語の定義

まず,用語を定義する際,その用語を示す場合にかぎ括弧が用いられる(例1)。

例1　◎所得税法

　(国内源泉所得)

第161条　この編において「国内源泉所得」とは,次に掲げるものをいう。
〔以下略〕

---

(2) 略称

次に,ある表現について略称を定める際,その略称を示す場合にもかぎ括弧が用いられる(例2の下線)。

例2　◎所得税法

　(定義)

第2条　この法律において,次の各号に掲げる用語の意義は,当該各号に定めるところによる。
　一～十　〔略〕
　十一　合同運用信託　信託会社(金融機関の信託業務の兼営等に関する法律(昭和18年法律第43号)により同法第1条第1項(兼営の認可)に規定する信託業務を営む同項に規定する金融機関を含む。)が引き受けた金銭信託で,共同しない多数の委託者の信託財産を合同して運用するもの(投資信託及び投資法人に関する法律(昭和26年法律第198号)第2条第2項(定義)に規定する委託者非指図型投資信託及

> びこれに類する外国投資信託（同条第24項に規定する外国投資信託をいう。第12号の2及び第13号において同じ。）並びに委託者が実質的に多数でないものとして政令で定める信託を除く。）をいう。
> 十二〜三十一　〔略〕
> 三十二　勤労学生　次に掲げる者で，自己の勤労に基づいて得た事業所得，給与所得，退職所得又は雑所得（以下この号において「給与所得等」という。）を有するもののうち，合計所得金額が65万円以下であり，かつ，合計所得金額のうち給与所得等以外の所得に係る部分の金額が10万円以下であるものをいう。
> 〔以下略〕

このように，所得税法2条1項32号柱書では，「自己の勤労に基づいて得た事業所得，給与所得，退職所得又は雑所得」のことを「給与所得等」と略している。

(3)　準用条文の読替え

また，他の条文を準用する際，その準用する条文の読替えを行う部分を示す場合にもかぎ括弧が用いられる（ 例3 の下線）。

> 例3　◎所得税法
> 　（国外転出をする場合の譲渡所得等の特例）
> 第60条の2　〔略〕
> 2〜6　〔略〕
> 7　国外転出の日の属する年分の所得税につき第1項から第3項までの規定の適用を受けた個人で第137条の2第2項（国外転出をする場合の譲渡所得等の特例の適用がある場合の納税猶予）の規定により同条第1項の規定による納税の猶予を受けているものに係る前項の規定の適用については，同項中「5年」とあるのは，「10年」とする。

> 8～12 〔略〕

2 丸括弧（（ ））の用法

　一方，法令における丸括弧（（ ））は様々な場合に用いられるが，その主な用法は以下に示す8つのパターンに分類できる。

(1) 特定の範囲の限定

　まず，括弧の上の字句から特定の範囲のものを除外し，その字句に特定の範囲のものを含ませ，又はその字句を特定の範囲に限定する場合に，丸括弧が用いられる（ 例2 の波線）。

(2) 特定の字句の置換え

　次に，括弧の上の字句を特定の場合に別の字句に置き換える場合にも丸括弧が用いられる（ 例4 の下線）。

> 例4 　◎所得税法
> 　<u>（受託法人等に関するこの法律の適用）</u>
> 　第6条の3　受託法人<u>（法人課税信託の受託者である法人（その受託者が個人である場合にあつては，当該受託者である個人）について，前条の規定により，当該法人課税信託に係る信託資産等が帰属する者としてこの法律の規定を適用する場合における当該受託者である法人をいう。以下この条において同じ。）</u>又は法人課税信託の委託者若しくは受益者についてこの法律の規定を適用する場合には，次に定めるところによる。
> 　一～九　〔略〕

(3) 用語の定義

　また，括弧の上にある用語を定義する場合にも丸括弧が用いられる（ 例4 の波線）。

(4) 略称

同様に，括弧の上にある表現について略称を定める場合にも丸括弧が用いられる（ 例2 の破線）。

(5) 目次の範囲

法令に目次が置かれる場合，目次における章や節等に含まれる条の範囲を示す場合にも，丸括弧が用いられる（ 例5 ）。

例5 ◎所得税法

目次

　第1編　総則

　　第1章　通則（第1条—第4条）

　　第2章　納税義務（第5条・第6条）

〔以下略〕

---

(6) 法令番号

法令番号を表記する際にも，丸括弧が用いられる（ 例2 の二重下線）。

(7) 見出し

条文に付される見出しにも，丸括弧が用いられる（ 例4 の二重下線）。

(8) 引用条文の要旨

財務省所管の国税及び関税に関する法令では，引用する条文の要旨が丸括弧で示されている（ 例2 の傍点， 例3 の波線， 例6 の下線）。

条文の要旨は，条を引用する場合は当該条文の見出しの文言をそのまま用い，条の中の特定の項や号であればその内容に応じた要旨が付されるのが通例である。

また，1つの条文の中で再度同じ引用条文がある場合は，2度目以降の引用条文の要旨は省略される。

3 多重括弧

括弧が二重，三重となる場合でも，かぎ括弧，丸括弧ともに，そのまま用いられる。中括弧や小括弧の区別はない。

そのため，長い括弧書や二重括弧，三重括弧などが含まれる条文は非常に読みづらい印象を受ける。

それでも法令の条文において括弧書が多用されるのは，条文の中の「項」は原則として1文で構成され，また，上述のように法令番号や引用条文の要旨に括弧書が用いられることが，その理由に挙げられる。

三重丸括弧が用いられている条文の例として，以下に，所得税法6条の3第4号を示す（ 例6 ）。

例6　◎所得税法

（受託法人等に関するこの法律の適用）

第6条の3　〔略〕

一～三　〔略〕

四　法人課税信託の受益権（公募公社債等運用投資信託以外の公社債等運用投資信託の受益権及び社債的受益権（資産の流動化に関する法律第230条第1項第2号（特定目的信託契約）に規定する社債的受益権をいう。第24条第1項（配当所得），第176条第1項及び第2項（信託財産に係る利子等の課税の特例），第224条の3（株式等の譲渡の対価の受領者等の告知）並びに第225条第1項（支払調書）において同じ。）を除く。）は株式又は出資とみなし，法人課税信託の受益者は株主等に含まれるものとする。この場合において，その法人課税信託の受託者である法人の株式又は出資は当該法人課税信託に係る受託法人の株式又は出資でないものとみなし，当該受託者である法人の株主等は当該受託法人の株主等でないものとする。

五～九　〔略〕

＊＊＊
※大括弧を網掛け，中括弧を二重下線，小括弧を下線でそれぞれ示している。本条柱書は 例4 参照。

　このように括弧書が多用されている条文は，まずは括弧書を飛ばして読むことにより規定の大意をくみ取ることができる。もっとも，上の例での小括弧は，いずれも引用条文の要旨なので，実はそれほど読みづらいということもないかと思われる。

第5節　法令用語の例[43]

　ここでは、法令で用いられている基本的な用語について解説する。用語の中には日常的に用いられている言葉も多いが、法令の中では、それぞれ決まった用法・意味を持つものとして用いられている。これらを理解することは、条文の構造・内容を理解し、ルールに則った法的な文章を書くためにも非常に重要である。

I 「及び」・「並びに」・「かつ」

　「及び」、「並びに」及び「かつ」は、いずれも複数の語を併合的に結び付ける接続詞であるが、法令における使い方は異なる。

1 「及び」・「並びに」

　まず、複数の語を単純、並列的に並べるときは、「及び」が用いられる。並べるのが2つの語であれば「及び」でつなぎ（ 例1 の下線）、3つ以上の語を並べるときは、最後の接続に「及び」を用い、それ以外の接続には読点（「，」）が用いられる（ 例2 ）。

例1　◎国税通則法
　（目的）
第1条　この法律は、国税についての基本的な事項及び共通的な事項を定め、税法の体系的な構成を整備し、かつ、国税に関する法律関係を明確にするとともに、税務行政の公正な運営を図り、もつて国民の納税義務の適正かつ円滑な履行に資することを目的とする。

---

[43] 本節の記述については、原則として、ワークブック及び法制執務用語研究会『条文の読み方』（有斐閣、2012）に依拠した。

例2 ◎所得税法
　（定義）
第2条　この法律において，次の各号に掲げる用語の意義は，当該各号に定めるところによる。
　一～二十　〔略〕
　二十一　各種所得　第2編第2章第2節第1款（所得の種類及び各種所得の金額）に規定する利子所得，配当所得，不動産所得，事業所得，給与所得，退職所得，山林所得，譲渡所得，一時所得及び雑所得をいう。
〔以下略〕

　また，並列的に並べられた語が複数のレベルを構成するときは，一番小さい段階の接続に「及び」を用い，それより大きな段階の接続には「並びに」が用いられる（ 例3 ）。

例3 ◎所得税法
　（趣旨）
第1条　この法律は，所得税について，｛納税義務者，課税所得の範囲，税額の計算の方法，申告，（納付及び還付）の手続，源泉徴収に関する事項｝並びに｛その納税義務の適正な履行を確保するため必要な事項｝を定めるものとする。

＊＊＊
※接続の段階を小・中・大括弧（（　）｛　｝〔　〕）で表示。以下同じ。

　そして，並列的に並べられた語が3段階以上ある場合には，「並びに」が複数回使われることになる（ 例4 ）。この場合，接続詞の違いがないため，それぞれのまとまりの内容から構造を把握する必要がある。そこで，「並びに」

を複数の段階の接続で使用する条文を読む場合，区別するために「大並び」「小並び」と呼ぶことがある（ 例4 では，先に出てくる「並びに」が「小並び」，後者が「大並び」）。

例4 ◎法人税法
第146条　前編第３章（内国法人に係る青色申告）の規定は，〔外国法人の提出する ｛(確定申告書及び中間申告書) 並びに (退職年金等積立金確定申告書及び退職年金等積立金中間申告書)｝〕並びに〔これらの申告書に係る修正申告書〕について準用する。
２　〔略〕

2　「かつ」

「かつ」は，様々な場面で用いられる。

第一に，「及び」・「並びに」と同様に単純に複数の語を接続する場合である。この場合，「及び」・「並びに」より大きな段階に「かつ」が用いられることがある（ 例1 の波線）。

第二に，「ＡかつＢな……」や，「ＡかつＢに……する」のように，文脈上内容において不可分一体の形容詞や副詞をつなげる場合がある（ 例1 の二重下線）。

第三に，接続された前後の行為や要件が同時に満たすべきものであることを示すために用いられる場合がある（ 例5 ）。

例5 ◎税理士法
（貸借対照表等）
第49条の18　日本税理士会連合会は，毎事業年度，第49条の15の規定において準用する第49条の８第３項に規定する総会の決議を経た後，遅滞なく，貸借対照表及び収支計算書を官報に公告し，かつ，財産目録，貸借対照表，収支計算書及び附属明細書並びに会則で定める事業報告書及び

監事の意見書を，事務所に備えて置き，財務省令で定める期間，一般の閲覧に供しなければならない。

Ⅱ 「又は」・「若しくは」
1 総説

「又は」と「若しくは」は，いずれも複数の語を選択的に結び付ける接続詞であるが，法令においては，前述の「及び」「並びに」と同様に使い分けのルールが決まっている。

まず，一段階の接続の場合には「又は」が用いられる（「及び」と同様に，最後を除き読点（「,」）で並列）（ 例1 ）。

例1 ◎相続税法
（評価の原則）
第22条 この章で特別の定めのあるものを除くほか，相続，遺贈又は贈与により取得した財産の価額は，当該財産の取得の時における時価により，当該財産の価額から控除すべき債務の金額は，その時の現況による。

そして，段階が複数ある場合には，一番大きい段階の接続にのみ「又は」を用い，それより小さな段階の接続には「若しくは」が用いられる（ 例2 ）。

例2 ◎所得税法
（非課税所得）
第9条 次に掲げる所得については，所得税を課さない。
　一～十二 〔略〕
　十三 次に掲げる年金又は金品
　　イ～ホ 〔略〕
　　ヘ 外国, 国際機関, 国際団体 又は 財務大臣の指定する外国の（団体若しくは基金） から交付される金品でイからホまでに掲

げる年金又は金品に類するもの（給与その他対価の性質を有するものを除く。）のうち財務大臣の指定するもの
〔以下略〕
＊＊＊
※接続の段階を小・中・大括弧（（　）｜｜〔　〕）で表示。以下同じ。

　並列的に並べられた語が3段階以上ある場合には，「若しくは」が複数回使われることになり（例3），前述の「並びに」の場合と同様に，接続詞の違いがないため，それぞれのまとまりの内容から構造を把握する必要がある。このような場合の「若しくは」を区別するために「大若し（おおもし）」「小若し（こもし）」と呼ぶことがある（例3では，先に出てくる「若しくは」が「小若し」，後者が「大若し」）。

例3　◎所得税法
　　（非課税所得）
　第9条　次に掲げる所得については，所得税を課さない。
　　一～三〔略〕
　　四　〔給与所得を有する者が勤務する場所を離れてその職務を遂行するため旅行をし，若しくは転任に伴う転居のための旅行をした場合〕又は〔｜(就職若しくは退職)をした者｜若しくは｜死亡による退職をした者の遺族｜がこれらに伴う転居のための旅行をした場合〕に，その旅行に必要な支出に充てるため支給される金品で，その旅行について通常必要であると認められるもの
〔以下略〕

2　引用時の注意点

　ところで，論文などで「若しくは」が含まれている条文の一部を説明する際に特に注意してほしいことがある。それは，条文の中の「又は」の部分を除いて「若しくは」の部分だけを説明する場合には，「若しくは」を「又は」に変

更する必要があるということである。例えば、例2の所得税法9条1項13号への「財務大臣の指定する外国の団体若しくは基金」という部分のみを説明する際は、このようにかぎ括弧で括って引用する場合はよいのだが、そうでなく自身の文章として書く場合には「若しくは」を「又は」に変えなければならない。「若しくは」だけが単独で出てくることはないからである。

　これは「並びに」についても同様だが、「並びに」は大きい方に用いられるので、ほとんど問題にならない。これに対して、小さい方に用いられる「若しくは」だけで結ばれている誤った文章を学生の論文などで見かけることがあるので、ご注意いただきたい。

3 SGとPPMの法則

　以上解説してきた「及び」「並びに」、「又は」「若しくは」の4つが特に難解な法令用語であるとよく耳にするが、その理由は「及び」「並びに」と「又は」「若しくは」の原則が正反対であるということにあると考えられる。

　すなわち、「及び」「並びに」については「及び」が原則であり、それよりも大きな段階に「並びに」を用いるのに対して、「又は」「若しくは」については「又は」が原則であり、それよりも小さな段階に「若しくは」が用いられるということである。

　これをスッキリご理解いただくために、標記の法則を考えた。この法則のポイントは、「及び」の用法が英語の「and」と同じということである。往年のフォークグループであるSG（サイモン＆ガーファンクル）とPPM（ピーター・ポール＆マリー）の英語表記との対比である。

---

① 　Simon and Garfunkel　⇒　サイモン及びガーファンクル
② 　Peter, Paul and Mary　⇒　ピーター, ポール及びマリー
③ 　Simon and Garfunkel and Peter, Paul and Mary
⇒サイモン及びガーファンクル並びにピーター, ポール及びマリー

```
＊＊＊
① Simon or Garfunkel   ⇒   サイモン又はガーファンクル
② Peter, Paul or Mary  ⇒   ピーター, ポール又はマリー
③ Simon or Garfunkel or Peter, Paul or Mary
⇒サイモン若しくはガーファンクル又はピーター, ポール若しくはマリー
```

Ⅲ 「その他」・「その他の」

1 総説

「その他」と「その他の」は，わずか1文字の違いであるが，法令上の意味は異なる。そして，租税判例でこの用例の違いについて言及されたケースもあるので，特に注意が必要である。

「その他」は，その前後にある語句が単に並列的な関係にある場合に用いられる。これに対し，「その他の」は，前の語句が後ろに続く語句の一部を例示するという関係に立つ場合に用いられる〈図表3−7〉。

〈図表3−7〉「その他」・「その他の」の用法

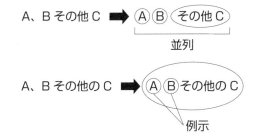

この両者の違いがよく現れるのは，「その他」「その他の」の後の語句で政省令等への委任を行っている場合の前の語句の取扱いである。「その他」の場合，前の語句はすでに法律で規定されているので，これを委任政省令等で改めて規定する必要はない。

例えば以下に示す 例1 を見ると，法律で「その他」の前に規定されている震災，風水害及び火災は政令では規定されていないのが分かる。

> 例1　◎所得税法
> 　（定義）
> 第2条　この法律において，次の各号に掲げる用語の意義は，当該各号に定めるところによる。
> 　一〜二十六　〔略〕
> 　二十七　災害　震災，風水害，火災その他政令で定める災害をいう。
> 〔以下略〕
>
> ◎所得税法施行令（昭和40年政令第96号）
> 　（災害の範囲）
> 第9条　法第2条第1項第27号（災害の意義）に規定する政令で定める災害は，冷害，雪害，干害，落雷，噴火その他の自然現象の異変による災害及び鉱害，火薬類の爆発その他の人為による異常な災害並びに害虫，害獣その他の生物による異常な災害とする。

　これに対して「その他の」の場合は，あくまでも例示に過ぎないので，委任政省令等で改めて規定する必要がある。例2を見ると，法律で「その他の」の前に規定されている農業，漁業，製造業，卸売業，小売業及びサービス業が全て政令でも改めて規定されているのが分かる。

> 例2　◎所得税法
> 　（事業所得）
> 第27条　事業所得とは，農業，漁業，製造業，卸売業，小売業，サービス業その他の事業で政令で定めるものから生ずる所得（山林所得又は譲渡所得に該当するものを除く。）をいう。
> 　2　〔略〕

◎所得税法施行令

　（事業の範囲）

第63条　法第27条第1項（事業所得）に規定する政令で定める事業は，次に掲げる事業（不動産の貸付業又は船舶若しくは航空機の貸付業に該当するものを除く。）とする。

　一　<u>農業</u>
　二　<u>林業</u>及び<u>狩猟業</u>
　三　<u>漁業</u>及び<u>水産養殖業</u>
　四　鉱業（土石採取業を含む。）
　五　建設業
　六　製造業
　七　<u>卸売業</u>及び<u>小売業</u>（飲食店業及び料理店業を含む。）
　八　金融業及び保険業
　九　不動産業
　十　運輸通信業（倉庫業を含む。）
　十一　医療保健業，著述業<u>その他のサービス業</u>
　十二　前各号に掲げるもののほか，対価を得て継続的に行なう事業

2　「その他」・「その他の」の用法に言及した判決例

「不法行為その他突発的な事故」という場合に，不法行為は突発事故に含まれるであろうか。この場合，「その他」で結ばれているので両者は並列関係であるから，答えは否ということになる。

これは，以下に示す所得税法施行令30条2号中の文言である。

◎所得税法施行令

　（非課税とされる保険金，損害賠償金等）

第30条　法第9条第1項第17号（非課税所得）に規定する政令で定める保険金及び損害賠償金（これらに類するものを含む。）は，次に掲げるも

のその他これらに類するもの（これらのものの額のうちに同号の損害を受けた者の各種所得の金額の計算上必要経費に算入される金額を補てんするための金額が含まれている場合には，当該金額を控除した金額に相当する部分）とする。

　一　〔略〕
　二　損害保険契約に基づく保険金及び損害保険契約に類する共済に係る契約に基づく共済金（前号に該当するもの及び第184条第4項（満期返戻金等の意義）に規定する満期返戻金等その他これに類するものを除く。）で資産の損害に基因して支払を受けるもの並びに<u>不法行為その他突発的な事故により資産に加えられた損害につき支払を受ける損害賠償金</u>（これらのうち第94条（事業所得の収入金額とされる保険金等）の規定に該当するものを除く。）
　三　〔略〕

この文言の解釈として「その他」と「その他の」という法令用語の一般的な意味の違いにいついて，平成23年の新司法試験（租税法）でも出題された判決文において言及されているので，以下にその部分を紹介する[44]。

◎名古屋地判平成21年9月30日（判タ1359号137頁）
「　本件においては，本件和解金が施行令30条2号にいう『不法行為その他突発的な事故により資産に加えられた損害につき支払を受ける損害賠償金』に当たるかどうかが問題となるところ，この点につき，被告は，同号にいう『不法行為』とは，『突発的な事故』と同様の不法行為，すなわち，相手方との合意に基づかない突発的で予想することができない不法行為を意味するものであると主張する。
　しかしながら，施行令30条2号は，『不法行為その他突発的な事故』

---

[44] 木山泰嗣『「税務判例」を読もう！―判決文から身につくプロの法律文章読解力』（ぎょうせい，2014）128頁以下で，この判決における法令用語への言及について解説されているので，参照されたい。

と規定しているのであり，『不法行為その他の突発的な事故』と規定しているのではない。法令における『その他』と『その他の』の使い分けに関する一般的な用語法に照らせば，同号において『不法行為』と『突発的な事故』は並列関係にあるものとして規定されていると解されるのであって，文言上，同号にいう『不法行為』を被告が主張するように限定的に解すべき根拠はない。また，不法行為の態様が，突発的な事故ないしそれと同様の態様によるものであるか，又はそれ以外の態様によるものであるかによって，当該不法行為に係る損害賠償金の担税力に差異が生ずるものではないから，損害賠償金が非課税所得とされている立法趣旨に照らしても，同号にいう『不法行為』は突発的な事故と同様の態様によるものに限られると解する理由はない。」

Ⅳ 期間と期限

1 「以」とは

「以上」や「以下」は，基準となる数量や期間を含める場合に用い，逆に基準点を含めない場合には「超」（「超える」）や「未満」（「満たない」）を用いるというのは，小学校の算数の授業で習ったかもしれない。

A 超（A を超える）：＞A
A 以上　　　　　：≧A
A 以下　　　　　：≦A
A 未満（A に満たない）：＜A

そもそも「以」という字には，ある時や所の起点を示す意味があり，法令においてもある範囲の起点を含むか否かについて「以」による使い分けがされている。

2 「前」「後」と「以前」「以後」

例えば，国税通則法46条1項柱書及び同項1号の「その損失を受けた日以後」

は「その損失を受けた日」を含み，同項1号の「次に定める日以前」は「次に定める日」を含み，同号の「その申請の日以前」は「その申請の日」を含むということである（ 例1 の下線）。

例1 ◎国税通則法
（納税の猶予の要件等）
第46条　税務署長（第43条第1項ただし書，第3項若しくは第4項又は第44条第1項（国税の徴収の所轄庁）の規定により税関長又は国税局長が国税の徴収を行う場合には，その税関長又は国税局長。以下この章において「税務署長等」という。）は，震災，風水害，落雷，火災その他これらに類する災害により納税者がその財産につき相当な損失を受けた場合において，その者が<u>その損失を受けた日</u>以後1年以内に納付すべき国税で次に掲げるものがあるときは，政令で定めるところにより，その災害のやんだ日から2月以内にされたその者の申請に基づき，<u>その納期限（納税の告知がされていない源泉徴収による国税については，その法定納期限）</u>から1年以内の期間（第3号に掲げる国税については，政令で定める期間）を限り，その国税の全部又は一部の納税を猶予することができる。
一　次に掲げる国税の区分に応じ，それぞれ<u>次に定める日</u>以前に納税義務の成立した国税（消費税及び政令で定めるものを除く。）で，納期限（納税の告知がされていない源泉徴収による国税については，その法定納期限）がその損失を受けた日以後に到来するもののうち，<u>その申請の日</u>以前に納付すべき税額の確定したもの
　　イ　源泉徴収による国税並びに申告納税方式による消費税等（保税地域からの引取りに係るものにあつては，石油石炭税法（昭和53年法律第25号）第17条第3項（引取りに係る原油等についての石油石炭税の納付）の規定により納付すべき石油石炭税に限る。），航空機燃料税，電源開発促進税及び印紙税　その災害のやんだ日の属する月

の末日
　ロ　イに掲げる国税以外の国税　その災害のやんだ日
〔以下略〕

　一方，「○○の日前」とか「○○の日後」という場合には，それぞれの起点日を含まないことになる。例えば，国税通則法61条１項１号の「法定納期限から１年を経過する日後」には，「法定納期限から１年を経過する日」は含まれない（ 例２ の下線）。

例２　◎国税通則法
　　（延滞税の額の計算の基礎となる期間の特例）
第61条　修正申告書（偽りその他不正の行為により国税を免れ，又は国税の還付を受けた納税者が当該国税についての調査があつたことにより当該国税について更正があるべきことを予知して提出した当該申告書（次項において「特定修正申告書」という。）を除く。）の提出又は更正（偽りその他不正の行為により国税を免れ，又は国税の還付を受けた納税者についてされた当該国税に係る更正（同項において「特定更正」という。）を除く。）があつた場合において，次の各号のいずれかに該当するときは，当該申告書の提出又は更正により納付すべき国税については，前条第２項に規定する期間から当該各号に定める期間を控除して，同項の規定を適用する。
　一　その申告又は更正に係る国税について期限内申告書が提出されている場合において，その法定申告期限から１年を経過する日後に当該修正申告書が提出され，又は当該更正に係る更正通知書が発せられたとき　その法定申告期限から１年を経過する日の翌日から当該修正申告書が提出され，又は当該更正に係る更正通知書が発せられた日までの期間
〔以下略〕

3 「以内」とは

「以内」は，数量や期間に関する上限を示す場合に用いられる。「以」という字が付いているので，これまでの説明と同様，期間に用いる場合は，上限の基準日を含む。

＊＊＊

以上のことから，例えば，損失を受けた日が（熊本地震があった）平成28年4月16日だとすれば，上記国税通則法46条1項柱書の「その損失を受けた日以後一年以内」（ 例1 の傍点）は，

　平成28年4月16日～平成29年4月15日

ということになる。

4 「経過する日」と「経過した日」

「経過する日」とは，一定の期間が経過し，満了する日を指す（ 例2 の傍点）。これに対して，「経過した日」というのは，その満了日（経過する日）の翌日を指す。

したがって，例えば国税通則法70条1項1号によって，法定申告期限が×1年3月15日である国税については，×6年3月16日以後は更正又は決定をすることはできない，ということになる（ 例3 ）。なお，この場合，後述する初日不算入の原則により，法定申告期限である×1年3月15日の翌日から起算することになる。

例3 　◎国税通則法

　　（国税の更正，決定等の期間制限）

第70条　次の各号に掲げる更正決定等は，当該各号に定める期限又は日から5年（第2号に規定する課税標準申告書の提出を要する国税で当該申告書の提出があつたものに係る賦課決定（納付すべき税額を減少させるものを除く。）については，3年）を経過した日以後においては，することができない。

> 一　更正又は決定　その更正又は決定に係る国税の法定申告期限（還付請求申告書に係る更正については当該申告書を提出した日とし，還付請求申告書の提出がない場合にする決定又はその決定後にする更正については政令で定める日とする。）
> 〔以下略〕

5　初日不算入の原則

それでは，「○○の日から」という場合はどうだろうか。

このような場合には，以下の国税通則法10条1項1号本文の「初日不算入の原則」が適用され，その翌日から数えることになる。

> ◎国税通則法
> 　（期間の計算及び期限の特例）
> 第10条　国税に関する法律において日，月又は年をもつて定める期間の計算は，次に定めるところによる。
> 　一　期間の初日は，算入しない。ただし，その期間が午前零時から始まるとき，又は国税に関する法律に別段の定めがあるときは，この限りでない。
> 　二　期間を定めるのに月又は年をもつてしたときは，暦に従う。
> 　三　前号の場合において，月又は年の始めから期間を起算しないときは，その期間は，最後の月又は年においてその起算日に応当する日の前日に満了する。ただし，最後の月にその応当する日がないときは，その月の末日に満了する。
> 2　国税に関する法律に定める申告，申請，請求，届出その他書類の提出，通知，納付又は徴収に関する期限（時をもつて定める期限その他の政令で定める期限を除く。）が日曜日，国民の祝日に関する法律（昭和23年法律第178号）に規定する休日その他一般の休日又は政令で定める日に当たるときは，これらの日の翌日をもつてその期限とみなす。

したがって，例えば，国税通則法46条1項柱書の「その災害のやんだ日から」（ 例1 の波線）には「その災害のやんだ日」は含まれず，その翌日から2か月以内と数える。

6 初日不算入の例外

ただし，その期間が午前零時から始まるものである場合には，例外的に，初日を算入することになっている（税通10条1項1号ただし書）。そのため，例えば，法人税法14条1項1号の「事業年度開始の日から」という場合，事業年度開始の日というのは午前零時から始まるものであることから，初日を算入し，事業年度開始の当日から起算することになる（ 例4 の下線）。

また，同号には「解散の日の翌日から」という期限もあるが，この場合の「翌日」についても午前零時から始まるので，初日不算入の例外（税通10条1項1号）の適用があり，（翌日の翌日ではなく）翌日から起算することとなる（ 例4 の波線）。

例4 ◎法人税法

（みなし事業年度）

第14条　次の各号に規定する法人（第5号から第7号までにあつてはこれらの規定に規定する他の内国法人とし，第8号，第12号，第13号及び第15号にあつてはこれらの規定に規定する連結子法人とし，第11号及び第16号にあつてはこれらの規定に規定する連結法人とし，第14号にあつては同号に規定する連結親法人とする。）が当該各号に掲げる場合に該当することとなつたときは，前条第1項の規定にかかわらず，当該各号に定める期間をそれぞれ当該法人の事業年度とみなす。

　一　内国法人（連結子法人を除く。）が事業年度の中途において解散（合併による解散を除く。）をした場合　その事業年度開始の日から解散の日までの期間及び解散の日の翌日からその事業年度終了の日までの期間

〔以下略〕

7 「○○期限から」

「申告期限から…年以内」というような場合については，前述の初日不算入の原則により，申告期限である日の翌日を起算点として数える。

そのため，例えば，国税通則法46条1項柱書の「その納期限（括弧内省略）から」（例1の二重下線），及び同法61条2項1号の「その法定納期限から1年を経過する日の翌日」（例2の二重下線）という場合には，（法定）納期限の日は，計算期間に含まれない。

***

以上により，例えば，×1年3月15日が法定納期限の場合，「その法定納期限から1年を経過する日の翌日」とは×2年3月16日ということになる。

```
起算日        ：×1年3月16日
1年を経過する日：×2年3月15日
翌日          ：×2年3月16日
```

8 「日から起算して」

「日から起算して○日」という場合は，その期間が午前零時から始まるか否かにかかわらず，全て当日から起算する。

そのため，例えば，国税通則法40条の「督促状を発した日から起算して10日を経過した日まで」の起算日は「督促状を発した日」ということになる（例5）。仮に4月1日に督促状を発したとすれば，10日を経過した日というのは4月11日ということである。

例5　◎国税通則法
　　（滞納処分）

> 第40条　税務署長は，第37条（督促）の規定による督促に係る国税がその督促状を発した<u>日から起算して10日を経過した日までに完納されない場合</u>，第38条第１項（繰上請求）の規定による請求に係る国税がその請求に係る期限までに完納されない場合その他国税徴収法に定める場合には，同法その他の法律の規定により滞納処分を行なう。

Ⅴ　「‥‥から‥‥まで」

1　総説

　日常的には，期間や数量について一定の範囲を示すために用いられるが，法令においては，これら日常的な用法以外に，連続する条，項等を一括して引用する場合にも用いられる。

　使い方としては，原則として，３以上の連続する条，項等を引用する場合に，その最初と最後の条，項等のみを示して，「第○条から第×条まで」というように用いられる（ 例1 の下線）。ただし，ある条，項等においてその直前の条，項等まで又は直後の条，項等から連続する条，項等をまとめて引用する場合，次のように独特のルールがある。

(1)　「第○条から前条まで」

　ある条，項等の直前の連続する条，項等の一部を示す場合で，その数が４以上のときに用いられる。連続する条，項等の数が３以下のときは，「前３条」，「前２項」，「前号」のように「前○条」とされる。なお，ある条，項等の前の条，項等を全て指示したい場合には，「前各条」とされる（ 例1 の波線）。

(2)　「次条から第○条まで」

　ある条，項等の直後に連続する条，項等の一部を示す場合で，その条数が３以上のときに用いられる。なお，「前２条」「前３条」のように「次２条」「次３条」などとはせずに，「次条及び第○条」「次条から第○条まで」とすることや，「次各条」といった表現も用いないことには，注意を要する。

例1　◎租税特別措置法（昭和32年法律第26号）
　（特別償却等に関する複数の規定の不適用）
第68条の42　連結親法人又は当該連結親法人による連結完全支配関係にある連結子法人の有する減価償却資産が当該連結事業年度において次に掲げる規定のうち2以上の規定の適用を受けることができるものである場合には，当該減価償却資産については，これらの規定のうちいずれか一の規定のみを適用する。
　一　第68条の13の規定
　二　第68条の10，第68条の11，第68条の14から第68条の15まで，第68条の15の4，第68条の15の5，第68条の16から第68条の19まで，第68条の24，第68条の26，第68条の27，第68条の29，第68条の31又は第68条の33から第68条の36までの規定
　三　前号に掲げる規定に係る前条の規定
　四　前三号に掲げるもののほか，減価償却資産に関する特例を定めている規定として政令で定める規定
2　前項の規定の適用に関し必要な事項は，政令で定める。

2　「乃至（ないし）」の意味

ちなみに，昔の法令では「…から…まで」の意味で「乃至（ないし）」が使われていた（例2）。

例2　◎国税犯則取締法（明治33年法律第67号）
　　附　則（昭和19年法律第7号）
第31条　本法ハ昭和19年4月1日ヨリ之ヲ施行ス但シ第1条中所得税法第37条，第53条第2項但書及第73条第1項本文ノ改正規定ハ昭和20年1月1日ヨリ之ヲ施行シ第12条乃至第22条ノ規定，第23条中臨時租税措置法第21条ノ2及第22条ノ改正規定並ニ第28条ノ規定施行ノ期日ハ各規定ニ

> 付勅令ヲ以テ之ヲ定ム

なお,「ないし」という日本語は,一般的に「あるいは」とか「又は」の意味で使われることがあるが,法令用語としての「乃至」は「又は」という意味ではないことに注意が必要である。

Ⅵ 「遅滞なく」・「直ちに」・「速やかに」

時間的な即時性を表す法令用語として,「遅滞なく」,「直ちに」及び「速やかに」がある。これらは,いずれも時間的に遅れてはならないことを示す副詞であるが,その強弱の度合いには,以下のような違いがある。

1 「遅滞なく」の用法

まず,「遅滞なく」は,「直ちに」及び「速やかに」と比べると時間的即時性が弱く,正当な,又は合理的な理由があれば遅れることも許されると一般的に解されている(例1)。

> 例1　◎法人税法
> 　（事業年度を変更した場合等の届出）
> 第15条　法人がその定款等に定める会計期間を変更し,又はその定款等において新たに会計期間を定めた場合には,遅滞なく,その変更前の会計期間及び変更後の会計期間又はその定めた会計期間を納税地（連結子法人にあつては,その本店又は主たる事務所の所在地）の所轄税務署長に届け出なければならない。

2 「直ちに」の用法

これに対して「直ちに」は,一切遅れを許さない趣旨で用いられる(例2)。

> 例2　◎国税通則法
>
> （税務署長を経由する再調査の請求）
>
> 第82条　第75条第2項（第1号に係る部分に限る。）（国税局の職員の調査に係る処分についての再調査の請求）の規定による再調査の請求は，当該再調査の請求に係る処分をした税務署長を経由してすることもできる。この場合において，再調査の請求人は，当該税務署長に再調査の請求書を提出してするものとする。
>
> 2　前項の場合には，同項の税務署長は，<u>直ちに</u>，再調査の請求書を当該税務署長の管轄区域を所轄する国税局長に送付しなければならない。
>
> 3　〔略〕

なお，このような時間的な即時性を示すだけでなく，「直ちに」は，本来とるべき手続等を踏むことなく行うことができるという手続面での即時性を示すために用いられる場合もある（例3）。

> 例3　◎たばこ税法（昭和59年法律第72号）
>
> （未納税引取）
>
> 第13条　次の各号に規定する者が当該各号に掲げる製造たばこを保税地域から当該各号に掲げる場所に引き取ろうとする場合において，政令で定める手続により，納税地を所轄する税関長の承認を受けたときは，当該引取りに係るたばこ税を免除する。ただし，第7項の規定の適用がある場合には，この限りでない。
>
> 一・二　〔略〕
>
> 2　税関長は，前項の承認を与える場合には，その承認の申請者に対し，相当の期限を指定して，当該製造たばこが同項各号に掲げる場所に移入されたことについての当該場所の所在地を所轄する税務署長の証明書を提出すべきことを命じなければならない。

3～6　〔略〕
7　第1項の承認を受けて引き取つた製造たばこについて，第2項の規定により税関長の指定した期限内に同項に規定する証明書の提出がないときは，<u>直ちに</u>そのたばこ税を徴収する。
8　〔略〕

3　「速やかに」の用法

また，「速やかに」は，「遅滞なく」と「直ちに」の中間に位置するとされている（ 例4 ）。

例4　◎消費税法
　（小規模事業者の納税義務の免除が適用されなくなつた場合等の届出）
第57条　事業者が次の各号に掲げる場合に該当することとなつた場合には，当該各号に定める者は，その旨を記載した届出書を速やかに当該事業者の納税地を所轄する税務署長に提出しなければならない。
　一～五　〔略〕
2　事業者が第12条の2第1項に規定する新設法人又は第12条の3第1項に規定する特定新規設立法人に該当することとなつた場合には，その旨を記載した届出書を<u>速やかに</u>当該事業者の納税地を所轄する税務署長に提出しなければならない。

＊＊＊

以上のように，即時性の度合いの強い順に，
「**直ちに**」＞「**速やかに**」＞「**遅滞なく**」
となっているのである。

4　効力

これらの用語の効力については，「遅滞なく」と「直ちに」は法律上の義務としての性格が強く，違法の問題を生ずる余地もあるのに対し，「速やかに」

は訓示的な色彩が強い，という傾向があるとされている[45]。

VII 「とき」・「時」・「場合」

これらは，「時」と「とき」・「場合」で大きく用法が区別されている。

まず，「時」は，文字どおり特定の時点を指す旨を明確に示す場合に用いられる（ 例1 ）。

他方，「とき」と「場合」については，どちらも直前の字句が仮定的条件であることを示す単語である。両者は，特に意味の違いはなく，基本的には読みやすさの観点から使い分けられているものである。ただし，仮定的条件が2つ重なる場合には，大きな条件には「場合」を用い，小さな条件には「とき」が用いられるという留意すべき用法がある（ 例1 ）。

例1　◎国税通則法

（時効の中断及び停止）

第73条　国税の徴収権の時効は，次の各号に掲げる処分に係る部分の国税については，その処分の効力が生じた時に中断し，当該各号に掲げる期間を経過した時から更に進行する。

一～五　〔略〕

2　前項第5号の規定により時効が中断された場合には，その交付要求に係る強制換価手続が取り消されたときにおいても，その時効中断の効力は，失われない。

〔以下略〕

また，「場合」は，「この場合において」のように，前段や他の条項の内容を受ける場合にも用いられる。この用法が出てくる法令を読む際に注意すべきは，「…の場合」と「…に規定する場合」は厳密に使い分けられていることである。

---

[45] もっとも，「速やかに」としながら違反に対して罰則を設ける立法例もあり，例えば，銃砲刀剣類所持等取締法23条は「すみやかに」との文言を用いているが，その違反に対して同法35条2号により罰金が科される。

前者は，引用する条項全体を包括して受けてその内容を補足したり読替規定を置くために用いられる（ 例2 ）。これに対して，後者はその引用する条項の中にある仮定的条件のみを受けるために用いられる（ 例3 ）。

例2 ◎所得税法
（更正又は決定をすべき事項に関する特例）
第154条　所得税に係る更正又は決定については，国税通則法第24条から第26条まで（更正・決定）に規定する事項のほか，第120条第1項第9号又は第10号（確定所得申告書の記載事項）に掲げる事項についても行なうことができる。この場合において，当該事項につき更正又は決定をするときは，同法第28条第2項及び第3項（更正通知書又は決定通知書の記載事項）中「税額等」とあるのは，「税額等並びに所得税法第120条第1項第9号又は第10号（確定所得申告書の記載事項）に掲げる事項」とする。
2　〔略〕

例3 ◎登録免許税法（昭和42年法律第35号）
（電子情報処理組織等を使用した登記等の申請等）
第35条　登記等を受ける者又は官庁若しくは公署が行政手続等における情報通信の技術の利用に関する法律第3条第1項（電子情報処理組織による申請等）の規定又は不動産登記法第18条（申請の方法）（他の法令において準用する場合を含む。）の規定により電子情報処理組織を使用して当該登記等の申請又は嘱託を行つた場合には，当該登記等の申請又は嘱託は，行政手続等における情報通信の技術の利用に関する法律第2条第3号（定義）に規定する書面等により行われたものとみなして，この法律その他登録免許税に関する法令の規定を適用する。
2　前項に規定する場合において，第4条第2項に規定する財務省令で定める書類の添付の方法その他前項の規定の適用に関し必要な事項は，財

務省令で定める。

3～5　〔略〕

Ⅷ　「者」・「物」・「もの」

法令上，自然人や法人といった法人格を有するものについては「者」が（例1），者以外の有体物で権利の目的となる外界の一部については「物」が，それぞれ用いられる（例2）。

◎所得税法

例1

（源泉徴収義務者）

第6条　第28条第1項（給与所得）に規定する給与等の支払をする<u>者</u>その他第4編第1章から第6章まで（源泉徴収）に規定する支払をする<u>者</u>は，この法律により，その支払に係る金額につき源泉徴収をする義務がある。

例2

（収入金額）

第36条　その年分の各種所得の金額の計算上収入金額とすべき金額又は総収入金額に算入すべき金額は，別段の定めがあるものを除き，その年において収入すべき金額（金銭以外の<u>物</u>又は権利その他経済的な利益をもつて収入する場合には，その金銭以外の<u>物</u>又は権利その他経済的な利益の価額）とする。

2・3　〔略〕

このように，「者」と「物」が一義的に用いられているのに対して，「もの」は様々な意味で用いられている。第一に，抽象的な事柄で「者」と「物」のいずれにも該当しないものを指示する場合又はこれと「物」を併せて指示する場合に用いられる（例3）。

第5節　法令用語の例　113

例3　◎国税通則法

（担保の種類）

第50条　国税に関する法律の規定により提供される担保の種類は，次に掲げる<u>もの</u>とする。
一　国債及び地方債
二　社債（特別の法律により設立された法人が発行する債券を含む。）その他の有価証券で税務署長等（国税に関する法律の規定により国税庁長官又は国税局長が担保を徴するものとされている場合には，国税庁長官又は国税局長。以下この条及び次条において同じ。）が確実と認めるもの
三　土地
四　建物，立木及び登記される船舶並びに登録を受けた飛行機，回転翼航空機及び自動車並びに登記を受けた建設機械で，保険に附したもの
五　鉄道財団，工場財団，鉱業財団，軌道財団，運河財団，漁業財団，港湾運送事業財団，道路交通事業財団及び観光施設財団
六　税務署長等が確実と認める保証人の保証
七　金銭

次に，権利利益の主体が法人格を有さない団体やこれを含むものを指す場合がある（ 例4 ）。

例4　◎相続税法

　　　第4節　財産の所在

第10条　〔略〕

2　国債又は地方債は，この法律の施行地にあるものとし，外国又は外国の地方公共団体その他これに準ずる<u>もの</u>の発行する公債は，当該外国にあるものとする。

3・4 〔略〕

最後に,「……者であって……もの」のように,先に指示されたものに更に限定を加える場合がある（ 例5 ）。

例5　◎相続税法
（相続税の納税義務者）
第1条の3　次の各号のいずれかに掲げる者は,この法律により,相続税を納める義務がある。
一　相続又は遺贈（贈与をした者の死亡により効力を生ずる贈与を含む。以下同じ。）により財産を取得した次に掲げる<u>者</u>であつて,当該財産を取得した時においてこの法律の施行地に住所を有する<u>もの</u>
　イ　一時居住者でない個人
　ロ　一時居住者である個人（当該相続又は遺贈に係る被相続人（遺贈をした者を含む。以下同じ。）が一時居住被相続人又は非居住被相続人である場合を除く。）
二　相続又は遺贈により財産を取得した次に掲げる<u>者</u>であつて,当該財産を取得した時においてこの法律の施行地に住所を有しない<u>もの</u>
　イ　日本国籍を有する<u>個人</u>であつて次に掲げる<u>もの</u>
　（1）　当該相続又は遺贈に係る相続の開始前10年以内のいずれかの時においてこの法律の施行地に住所を有していたことがある<u>もの</u>
　（2）　当該相続又は遺贈に係る相続の開始前10年以内のいずれの時においてもこの法律の施行地に住所を有していたことがない<u>もの</u>
　　　（当該相続又は遺贈に係る被相続人が一時居住被相続人又は非居住被相続人である場合を除く。）
〔以下略〕

IX　「みなす」・「推定する」

一般的に年末調整の際に給与所得者が作成することが多い「給与所得者の扶

養控除等（異動）申告書」は，「申告書」であるから，本来は所轄税務署等に対して提出しなければならないものである（所税194条１項）。

◎所得税法
　（給与所得者の扶養控除等申告書）
第194条　国内において給与等の支払を受ける居住者は，その給与等の支払者（その支払者が２以上ある場合には，主たる給与等の支払者）から毎年最初に給与等の支払を受ける日の前日までに，次に掲げる事項を記載した申告書を，当該給与等の支払者を経由して，その給与等に係る所得税の第17条（源泉徴収に係る所得税の納税地）の規定による納税地（第18条第２項（納税地の指定）の規定による指定があつた場合には，その指定をされた納税地。以下この節において同じ。）の所轄税務署長に提出しなければならない。
〔以下略〕

ただし，この申告書が給与等の支払者に受理されたときは，その受理された日に所轄税務署長に提出されたものとみなされるので（所税198条１項），実際に税務署長に対してこの申告書が提出されることは，事後の税務調査等で提出する場合を除き一般的にはない。

◎所得税法
　（給与所得者の源泉徴収に関する申告書の提出時期等の特例）
第198条　第194条から第196条まで（給与所得者の源泉徴収に関する申告書）の場合において，これらの規定による申告書がその提出の際に経由すべき給与等の支払者に受理されたときは，その申告書は，その受理された日にこれらの規定に規定する税務署長に提出されたものとみなす。
２～６〔略〕

それでは，この「みなす」という用語は，法令上どのような意味で用いられ

ているのだろうか。

1 「みなす」の用法

　法令用語としての「みなす」は，ある一定の法律関係が規律する対象とそれとは質的に異なるものを同一視することで，その法律関係によって生じる法律効果をその質的に異なるものについても同様に発生させることをいう（ 例1 ）。

> 例1　◎所得税法
> 　（人格のない社団等に対するこの法律の適用）
> 　第4条　人格のない社団等は，法人と<u>みなして</u>，この法律（別表第1を除く。）の規定を適用する。

　「みなす」とされたものについては，本来の性質にかかわらず，法令上は同一のものとして扱われるので，質的な相違があることについての反証や当事者間の異なる取決めを理由として法令の適用を回避することはできない。
　このような「みなす」という規定を把握していないと，本来の性質から事実を条文にあてはめて誤った法解釈をしてしまうことになるので，注意が必要である。

2 「推定する」の用法

　「みなす」と似たような言葉として「推定する」があるが，「みなす」と「推定する」は，法令上は異なる意味で，明確に使い分けられている。
　「推定する」は，当事者間に取決めがない事項について，法令で規定した一定の事実関係を一応の前提として法令を適用することをあらかじめ定めているものをいう（ 例2 ）。

> 例2　◎所得税法
> 　（事業所の所得の帰属の推定）

> 第158条　法人に15以上の支店，工場その他の事業所がある場合において，その事業所の３分の２以上に当たる事業所につき，その事業所の所長，主任その他のその事業所に係る事業の主宰者又は当該主宰者の親族その他の当該主宰者と政令で定める特殊の関係のある個人が前に当該事業所において個人として同一事業を営んでいた事実があるときは，その法人の各事業所における資金の預入及び借入れ，商品の仕入れ及び販売その他の取引のすべてがその法人の名で行なわれている場合を除き，税務署長は，当該各事業所の主宰者が当該各事業所から生ずる収益を享受する者であると<u>推定して</u>，更正又は決定をすることができる。

　つまり，当事者間から特段の主張がなければ法令の規定するとおりとなるが，これは法令が適用できない状態を避けるための一応のものに過ぎない。したがって，前述の「みなす」とは異なり，当事者間で異なる取決めがある場合や，異なる事実のあることが証明された場合，推定は覆され，法令は当該異なる取決めや異なる事実に基づいて適用されることとなる。

　なお，租税法令においては，「推定する」という規定はきわめて少ないのに対して，「みなす」はよく用いられている。

Ｘ　「するものとする」・「しなければならない」

　下記の国税通則法74条の11は，税務調査を終了する際の手続を規定している。税務調査は，①いわゆる是認（同条１項），②更正・決定処分（２項），③修正・期限後申告（３項）の３つのうちのいずれかにより終了することになる。

　これらの手続は，①の場合は「いわゆる是認通知」，②の場合は「調査結果の内容説明」，③の場合は「不服申立てはできないが更正の請求はできる旨の説明・書面の交付」，がそれぞれ伴うことになる。

　そこで，この条文をよく読んでみると，①及び②については通知又は説明を「するものとする」とされていることに対し，③の書面交付については「しなければならない」とされている。

　この違いは何だろうか。

◎国税通則法

（調査の終了の際の手続）

第74条の11　税務署長等は，国税に関する実地の調査を行つた結果，更正決定等（第36条第1項（納税の告知）に規定する納税の告知（同項第2号に係るものに限る。）を含む。以下この条において同じ。）をすべきと認められない場合には，納税義務者（第74条の9第3項第1号（納税義務者に対する調査の事前通知等）に掲げる納税義務者をいう。以下この条において同じ。）であつて当該調査において質問検査等の相手方となつた者に対し，その時点において更正決定等をすべきと認められない旨を書面により通知するものとする。

2　国税に関する調査の結果，更正決定等をすべきと認める場合には，当該職員は，当該納税義務者に対し，その調査結果の内容（更正決定等をすべきと認めた額及びその理由を含む。）を説明するものとする。

3　前項の規定による説明をする場合において，当該職員は，当該納税義務者に対し修正申告又は期限後申告を勧奨することができる。この場合において，当該調査の結果に関し当該納税義務者が納税申告書を提出した場合には不服申立てをすることはできないが更正の請求をすることはできる旨を説明するとともに，その旨を記載した書面を交付しなければならない。

4～6　〔略〕

1　「しなければならない」とは

まず，分かりやすい方から説明すると，「しなければならない」というのは，国民や行政機関に対して一定の作為の義務を課す場合に用いられる用語である。

2　「するものとする」とは

これに対して「するものとする」とは，基本的には，同様に一定の義務付けとしての用語であるのだが，「しなければならない」よりは弱いニュアンスで，

具体的には、取扱いの原則や方針を示すような場合で、それに従って処理することが当然期待されるようなときに用いられる。

そのため、「するものとする」は、とりわけ行政機関に対して義務を課す場合に多く用いられるが、納税者に対する規定で用いられることもある（ 例1 ）。

例1 ◎国税通則法

（税務署長を経由する再調査の請求）

第82条　第75条第2項（第1号に係る部分に限る。）（国税局の職員の調査に係る処分についての再調査の請求）の規定による再調査の請求は、当該再調査の請求に係る処分をした税務署長を経由してすることもできる。この場合において、再調査の請求人は、当該税務署長に再調査の請求書を提出して<u>するものとする</u>。

2・3　〔略〕

例1 の国税通則法82条1項は、前段が「できる」とする規定であるため、それを補足する同項後段では「しなければならない」ではなく、「するものとする」が用いられているものと考えられる。

ちなみに、動詞の終止形についても、一種の義務をあらわすのに用いられることがある（ 例2 ）。

例2 ◎国税通則法

（納税の告知）

第36条　〔略〕

2　前項の規定による納税の告知は、税務署長が、政令で定めるところにより、納付すべき税額、納期限及び納付場所を記載した納税告知書を送達して<u>行う</u>。ただし、担保として提供された金銭をもつて消費税等を納付させる場合その他政令で定める場合には、納税告知書の送達に代え、当該職員に口頭で当該告知をさせることができる。

3 「するものとする」と「しなければならない」の違い

　いずれにしても，要は，ニュアンスの強弱の差はあるものの，「するものとする」と「しなければならない」は，いずれも主語に出てくる対象者に対して一定の義務を課しているということに変わりはないということである。

　そうすると，前述の調査終了の際の手続（税通74条の11第1項～3項）の用語の違いはどういうことだろうか。

　冒頭示した①～③の手続は，いずれも行政機関である税務署長等や税務職員が行わなければならないものなので，いずれも「するものとする」と規定してもよさそうである。それをあえて，③の「不服申立てはできないが更正の請求はできる旨の説明・書面の交付」のみを「しなければならない」と規定しているということは，他の2つと較べて義務のニュアンスを若干高めようとする立法者の意思が窺える。

　また国税通則法74条の11第3項前段は， 例1 に示した同法82条1項前段と同様に「できる」とする規定であるが，後段は単なる補足ではなく，（修正・期限後申告の勧奨に納税者が応じて）「納税者が納税申告書を提出した場合」という要件が加えられていることも，その理由であろうと考えられる。

XI 「公布」・「施行」・「適用」

1 「公布」とは

　法律案は，原則として，国会の衆参両院で可決されたときに成立して法律となる（憲59条（条文は14頁））。

　そして，成立した法律を国民一般の知り得る状態に置くために，一定の方法により公示することを「公布」という。

　法律が対外的に効力を発生させるためには，この公布が必要とされている（最大判昭和32年12月28日刑集11巻14号3461頁）。

　そのため，新規制定法の制定日や一部改正法の改正日は，それらの法律案が国会で成立した日ではなく，法律として公布された日ということになる。つまり実質的には，法案が公布によって法律になるということであり，法令番号は公布のときに付される。

例えば，税務調査手続に係る規定の整備等が行われた国税通則法の制定以来最大の見直しを含む「経済社会の構造の変化に対応した税制の構築を図るための所得税法等の一部を改正する法律案」は，平成23年11月30日に成立したが，同年12月2日に法律として公布されているので，この改正は，"平成23年11月の改正"ではなく"平成23年12月の改正"ということになる。

　公布の方式については，これを定める法令はないが，官報[46]に登載することにより行うことが確立した実務慣行となっている。

　なお，政省令についても，官報に登載することにより公布されている。

2 「施行」とは

　次に「施行」とは，公布された法令が一般的に効力を発するようになることをいう。

　この施行がいつから始まるかを定めているのが「施行期日規定」と呼ばれるものであり，法令の附則の最初に置かれる（このため，原則としてどのような法令にも附則が付されている[47]。）。その書き方は，①特定日から施行するもの（例：「平成○年○月○日から施行する」，「この法律の公布の日から起算して○年を経過した日から施行する」），②一定の範囲内で別の法令で定める日から施行するもの（例：「公布の日から起算して○年を超えない範囲内で政令で定める日から施行する」），③他の法律の施行日と同日に施行するもの（例：「…法律の施行の日から施行する」）など，様々である。

　なお，1つの法令において，一部の規定について異なる施行期日を置くことがよくあるので，公布された法律の規定がすでに施行されているかどうかは，附則冒頭の施行期日規定をよく確認する必要がある。

　ちなみに，「施行」は本来「しこう」と読むが，永田町や霞が関では「執行」などと区別するために「せこう」と読む慣例があり，現在では大方の辞書にお

---

[46] 「官報」とは，日本国の機関紙であり，国としての作用に関わる事柄の広報及び公告をその使命としている。原則として行政機関の休日を除く毎日発行され，都道府県庁所在地にある「官報販売所」で販売されている。発行日には国立印刷局の掲示板や官報販売所の掲示板に掲示され，国立印刷局のウェブサイトでも閲覧することができる。

[47] 施行期日規定を置かない唯一の例外は，法律の施行期日を定める政令である。

いて両方の読み仮名が併記されている。

3 「適用」とは

最後に「適用」とは，ある法令の規定が，特定の人，事項に対して個別具体的に有効なものとして取り扱われることをいう。

制定・改正された法律が公布されれば，施行期日以後に生じた事項に対して適用されるため，基本的には個別具体的な適用の有無を規定する必要はない。しかし，新旧いずれの法令が適用されるのか，単に施行期日を定めただけでは不分明な場合があり，その際には，経過措置規定を置いて，Aの場合には新規定が適用される，Bの場合には旧規定が適用される，などと個別具体的な場合についての法令の適用区分が明確にされる。特に租税法の場合は，その性質上，きわめて詳細に経過措置が規定されているので，税制改正に際しては，それぞれの規定がいつからどの場合に適用されるのかをよく読む必要があるといえる。

4 条文中の表記例

平成25年度税制改正において，相続税の基礎控除が引き下げられるとともに税率構造も見直され，平成27年1月から適用されていることは周知のとおりだが，この適用時期の根拠規定は，以下のとおりである。

◎所得税法等の一部を改正する法律（平成25年法律第5号）
　　　　附　　則
（施行期日）
第1条　この法律は，平成25年4月1日から施行する。ただし，次の各号に掲げる規定は，当該各号に定める日から施行する。
　一～四　〔略〕
　五　次に掲げる規定　平成27年1月1日
　　イ　〔略〕

ロ　第3条の規定（同条中相続税法第1条の3第2号の改正規定，同法第1条の4第2号の改正規定及び同法第21条の4（見出しを含む。）の改正規定を除く。）並びに附則第10条，第12条及び第13条の規定

〔以下略〕

（相続税法の一部改正に伴う経過措置の原則）
第10条　第3条の規定による改正後の相続税法（以下附則第14条までにおいて「新相続税法」という。）の相続税に関する規定は，この附則に別段の定めがあるものを除き，平成27年1月1日以後に相続又は遺贈（贈与をした者の死亡により効力を生ずる贈与を含む。以下同じ。）により取得する財産に係る相続税について適用し，同日前に相続又は遺贈により取得した財産に係る相続税については，なお従前の例による。
2　〔略〕

第4章　租税法令にまつわる雑学講座

　本章では，本書の主題とはやや逸れるが，租税法令を読み解き，しっかりした法的な文章を書く上で参考になると思われる事項について解説を加えている。すなわち，一般的な立法手続及び税制改正のプロセス，罰則及び租税優遇措置の意義などである。そして，本書の最後に補論として，引用文献等の表記方法を概説した。論文などを執筆する方には，この本章第9節を是非ご一読いただきたい。

第1節　一般的な立法過程の概観

前章までは，憲法や租税法などの各種法令の条文の形式や性格，法令用語の独特なルールなどを中心に解説してきた。それでは，それら各種法令（特に法律）はそもそもどのように作られているのだろうか。

一般に，立法過程（法令作成手続）は，①法律案が作成され国会に提出されるまでの"立案過程"と，②提出された法律案が国会で審議され，成立に至るまでの"審議過程"に分けることができる〈図表4－1〉。そこで以下では，それぞれの過程ごとにその概観を解説する。

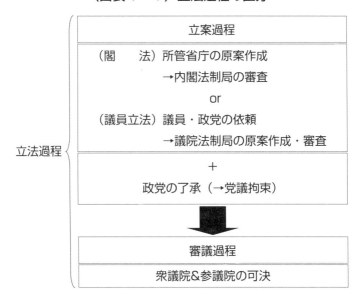

〈図表4－1〉立法過程の区分

I　2つの立案過程〜閣法と議員立法

国会に出される法律案は，その提出主体から，①内閣が提出するものと②議員（又は両議院に置かれる各委員会）が発議するものに区分することができる。

前者は「閣法」(又は「政府立法」),後者は「議員立法」と呼ばれている。

両者の法的な根拠については,まず議員立法は,憲法41条(条文は14頁)が国会を「国の唯一の立法機関」と定めていることから認められると素直に読み取ることができる。

一方,閣法については,その提出権を否定する見解が一部にあるが[48],我が国が議院内閣制を採用していること,そして憲法72条の「議案」に「法律案」が含まれるものと解釈できることから,同条に基づいて法律案を提出することができると一般的に考えられている。そして内閣法5条は,このことを確認的に明記している。

◎日本国憲法
第72条　内閣総理大臣は,内閣を代表して議案を国会に提出し,一般国務及び外交関係について国会に報告し,並びに行政各部を指揮監督する。

◎内閣法(昭和22年法律第5号)
第5条　内閣総理大臣は,内閣を代表して内閣提出の法律案,予算その他の議案を国会に提出し,一般国務及び外交関係について国会に報告する。

また,実態としても,日本国憲法制定からの70年以上にわたって,閣法が議員立法に対して提出件数及び成立件数の点で圧倒的優位に立つという傾向がある。

なお,自由民主党の「日本国憲法改正草案」(平成24年4月27日決定)では,73条(内閣の職務)柱書に「内閣は,他の一般行政事務のほか,次に掲げる事務を行う。」とし,同条5号において,「予算案及び法律案を作成して国会に提出すること。」と明記されている。

---

[48] 佐々木惣一『改定日本国憲法論』(有斐閣,1954)370〜371頁。

1　閣法の立案過程の特徴

　閣法の立案過程については，一般に，①当該事項を所管する省庁において原案が作成され，②内閣法制局の下審査（内閣法制局参事官による各省原案の審査），③政府内部の根回し（この他省庁との調整を「法令協議」という。）及び④与党議員への根回し（与党の事前審査）を経て，⑤法律案の閣議決定が行われ，国会（衆議院又は参議院）に提出されるというプロセスをたどる〈図表4－2〉。

　この閣法の立案過程を特徴づける最大のものは，④である。この与党の事前審査を経ることによって，与党議員には，国会での採決段階だけでなく審査段階から"党議拘束"がかかる。つまり，議員の態度は，党の決定に沿ったものでなければならないことになるのである。

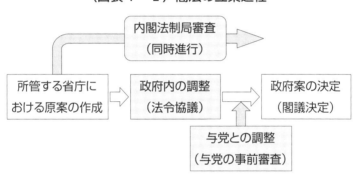

〈図表4－2〉閣法の立案過程

2　議員立法の立案過程の特徴

　議員立法は，議員個人が政策課題を立法によって解決したいとの思いを持つことや，政党の政策を立法という形で実現したいということが端緒となる。そして，議員（あるいは政党の政策担当者や秘書）から，議院法制局（衆議院法制局又は参議院法制局）への立案依頼がなされることによって立法作業が開始される。

　議院法制局においては，①議員の依頼内容を確認した上で，②その依頼内容

から法律として制定すべき事項を抽出，③憲法適合性や法的整合性に留意しつつ，④条文化作業が進められることになる。比喩的にいえば，議員法制局は閣法における"各省の原案作成作業"と"内閣法制局の審査作業"とを同時に担う部署ということができる。

議員立法（特に衆議院）についても，政党（会派）所属議員の場合は，当該所属会派の執行部の承認（機関承認）がなければ法律案を提出することはできないこととされており，このため，各政党（会派）の部会・部門会議や政調審議会等の党内手続を提出前に経るべきこととされている。つまり"党議拘束"は，議員立法についても原則としてかかることになる。

Ⅱ　国会における審議過程の特徴

日本国憲法下の国会では，明治憲法下で採用されていた"本会議中心主義"ではなく議会に設置された委員会が議会活動の中心的な役割を有する"委員会中心主義"が採用されており，法律案の審査についても委員会が主要な機能を担っている。すなわち，国会法及び議院規則上，国会に法律案が提出されると，原則として，本会議で議論されることなく委員会に付託される。

ただし，これには主として2つの方向からの例外がある。1つは，「重要広範議案」と呼ばれる重要な法律案については，委員会に付託される前に"本会議趣旨説明"が行われること，もう1つは，逆に，迅速に処理すべき法律案については，"委員会審査省略議案"として委員会への付託・審査を経ずに本会議で採決されることがあること，である。特に，議員立法で成立する多くの法律案は，与野党の合意に基づいて"委員会提出の法律案"という形式を採ることが一般的であるが，この委員会提出の法律案については，先例上，委員会への付託・審査を省略されることが確立されている。

付託された委員会では，法案審査が，①趣旨説明，②質疑，③討論，④採決，の順で行われる。また，委員会での議論の結果，修正案が提出され，法律案の内容が変更されることがある。

採決で委員会としての結論が出されると，法律案は本会議の議題となり，委員長の報告を受けた後，採決されることになる。そして，両議院で可決される

ことで成立する。

　なお,このような審議過程については,立案過程における"事前の与党審査"による"厳格な党議拘束"のために形骸化し,「スケジュール闘争」となっているとの強い批判がある[49]。

---

[49] 上田章＝五十嵐敬喜『議会と議員立法〜議員立法についての元衆議院法制局との〈対論〉』(公人の友社, 1997) 93頁。

第2節　税制改正の流れ〜2つの税調と2つの大綱

　我が国の租税立法は,「所得税法等の一部を改正する法律案」,「地方税法等の一部を改正する法律案」等の毎年の税制改正を中心として,そのほぼ全てが閣法として提出されている。

　しかし毎年の税制改正の流れは,閣法といっても,前節で見た一般的な閣法の立案過程とは大きく異なっている。

I　税制改正の流れ

　我が国の税制改正は,租税法律主義に基づき,最終的には毎年3月末の税制改正法案の国会成立及び官報による公布,原則として4月1日からの施行(関係政省令(施行令や施行規則)も基本的に同日施行)で結実する。そこに至るプロセスについては,近年の2度の政権交代を経て,永く続いた旧自民党政権下の税制改正プロセスがやや変容しており,現在は,基本的には以下のような手続を踏むことになることが想定される。

```
 8月    各省庁が財務省主税局及び総務省自治税務局に要望提出
 9月    経済団体などから要望
10月    党税調が省庁や業界団体の要望とりまとめ
11月    党税調が小委員会,総会で議論
12月    与党「税制改正大綱」公表
        内閣「税制改正の大綱」閣議決定
 1月    内閣が国会に法案提出
～2月   国会審議
 3月    改正法案成立
        改正法公布
 4月    改正法施行
```

Ⅱ　2つの税調

　現在，我が国の政府及び与党には，基本的に2つの税制調査会（税調）が存在している。Ⅰ　税制改正の流れに出てくる与党税調と内閣府に設置される税制調査会（政府税調）である。

　与党税調は，現在の与党である自由民主党及び公明党のそれぞれに設置されている機関である。

　一方，政府税調は，内閣総理大臣の諮問に応じて，租税に関する制度を調査審議する機関である（内閣府本府組織令31条，33条，税制調査会令各条）。

　旧自公政権下の平成21年度税制改正までは，毎年11月頃に政府税調から首相に「税制改正に関する答申」が提出されていた。その後，民主党政権を経て，現在の中里実会長による政府税調になってからはそのような慣行はなくなり，包括的な年度税制改正についてではなく，国際課税，マイナンバー制度，法人税改革といった個別のテーマについて検討され，適宜，論点整理等が公表されている（※）。

　したがって，年次税制改正に与える影響という意味では，従来からいわれていた"党高政低"の状況が，現在はより顕著になっているということができよう。

（※）現在の政府税調がとりまとめた答申・報告書等には，主として以下のものがある。

・国際課税ディスカッショングループ「国際課税原則の総合主義から帰属主義への見直し」（平成25年12月2日）
・マイナンバー・税務執行ディスカッショングループ「論点整理」（平成26年4月8日）
・「女性の働き方の選択に対して中立的な税制の検討にあたっての論点整理」（平成26年6月11日）
・「法人税の改革について」（平成26年6月27日）
・「働き方の選択に対して中立的な税制の構築をはじめとする個人所得課

税改革に関する論点整理（第一次レポート）」（平成26年11月7日）
・「経済社会の構造変化を踏まえた税制のあり方に関する論点整理」（平成27年11月13日）
・「経済社会の構造変化を踏まえた税制のあり方に関する中間報告」（平成28年11月14日）
・「『BEPSプロジェクト』の勧告を踏まえた国際課税のあり方に関する論点整理」（平成28年11月14日）
・国税犯則調査手続の見直しに関する会合「国税犯則調査手続の見直しについて」（平成28年11月14日）

Ⅲ　2つの大綱

　現在は，Ⅰ　税制改正の流れで示したように，毎年12月に与党から「年度税制改正大綱」が自由民主党と公明党の連名により公表（平成30年度は平成29年12月14日）され，その数日から数週間後に内閣が「年度税制改正の大綱」を閣議決定（平成30年度は平成29年12月22日）している。
　この2つの大綱の中身は，基本的にほとんど変わらないが，あえて違いをあげれば，与党大綱は年次税制改正を超えた中長期的な検討事項も記載されていることに対して，内閣大綱は基本的に翌年度の年次税制改正法案に含まれることに限定して記載されているということである。
　旧自公政権下の平成21年度税制改正までは，内閣による大綱の閣議決定ではなく，財務省が「年度税制改正の大綱」を公表し，その約1か月後の翌年1月に「年度税制改正の要綱」が閣議決定されていた。その後，民主党政権を経て，内閣の大綱が閣議決定されることとなったことから，従来の要綱はなくなった。
　ちなみに「閣議決定」とは，政府の閣僚による全員一致を原則とする意思決定手続である。法的根拠のない政党の内部組織である党税調による大綱の公表と近いタイミングで内閣による大綱の閣議決定を経るというプロセスが導入されたことは，税制改正法案を提出することとなる内閣のコンセンサスを国民に広く伝える趣旨であると考えることができる。

Ⅳ　税制改正プロセスの問題点

　我が国の税制改正プロセスの問題点としては，主として，①透明性の欠如及び②責任の欠如という２点が指摘されている。

　まず，"透明性の欠如"については，実質的に税制改正の中身を決める与党税調がきわめて閉鎖的であるということである。政府税調は，税制調査会議事規則５条によって会議は原則公開とされ，さらにウェブサイト上での情報公開もほぼ整備されている。これに対して，根拠法令のない与党税調の情報公開は，全くなされていないといっても過言ではない状況である。自民党税調の会議は原則非公開であり，自民党に所属する国会議員とその秘書しか入ることができず，報道関係者や業界関係者は閉ざされた扉の外で聞き耳を立てている状態である。そして議事録もないので，納税者は基本的に，最終的に大綱が公表されるまで税制調査会の税制改正に関する議論を知ることはできないのである。政府税調がそのウェブサイト上でリアルタイムの審議中継を行っていることと比較すると，与党税調の情報公開の遅れは深刻な問題である。また，自民税調の密室批判の要因として，いわゆるインナー[50]の存在がある。実質的に最高意思決定機関といわれているインナーに対しては，中堅・若手議員から「閉鎖的」との不満がくすぶり，平成14年に「反税調議連」が登場し，その結果，平成15年に就任した津島雄二会長（当時）が一旦はインナーを廃止した。これにより，決定過程の透明化が期待されたが，翌年にはインナーが復活してしまった。インナー復活の要因として，ある議員は「各団体や政治家の利害・思惑が絡み合う税制論議は，誰かが『もう終わり』と言わないと終われないからだ」[51]と解説しているとのことである。いずれにしても，一部の長老議員が密室で決めるといわれるインナーは，自民党税調の小委員会や総会の議論が形骸化する要因であるといえよう。

　また，"責任の欠如"については，前述のように税制改正法案は基本的に閣

---

[50] 自民党税調の会長，会長経験者等が務める顧問及び小委員長による非公式幹部協議を俗に「インナー」という。
[51] 内田常雄自民党税調会長（当時）の著作より引用されたもの（「自民税調―税制，党主導で決定権，調整役，力の源泉（永田町インサイド）」日本経済新聞2005年10月20日夕刊５面）。

法であるので，国会審議では，国税は財務大臣，地方税は総務大臣がそれぞれ答弁することになるが，いずれの大臣もインナーに属していないので，議論の経緯が分からず責任ある答弁ができない。実際に，国会答弁で税制についてしつこく聞かれた宮沢喜一大蔵大臣（当時）が怒って，「私は知りません。党の税調がお決めになったことだ」と言い放し，そのまま座り込んでしまったことがあるそうである[52]。これについては，党税調と国会で答弁に立つ財務大臣以下政務三役との正式な意見調整の場を設け，政府と党の共同意思決定であることを明確にする必要があると考えられる[53]。

いずれにしても，租税法律主義の要請に適うよう，透明性が高く，責任の明確な税制改正プロセスの確立が望まれる。

V　税制改正法案に対する附帯決議

ところで，税制改正法案の審議では，衆議院の財務金融委員会及び参議院の財政金融委員会における法案決議の際に，附帯決議が付されることがある。

1　附帯決議とは

「附帯決議」とは，国会の衆議院及び参議院の委員会が法律案を可決する際に，当該委員会が当該法律の執行に当たる政府に対して，要望，勧告，警告等の意思を表明するために行う決議のことをいう。

附帯決議は，法律案とは別個に議決され，本会議にも報告される。

附帯決議の内容に法的な拘束力はないが，委員会の意思として十分に尊重されるべきである，という政治的な効果は認められている[54]。

2　税制改正法案に対する附帯決議

税制改正法案に対する附帯決議は，現在の自公政権となった平成25年度税制改正以降は，毎年，衆参両院の委員会で付されている。例えば，平成27年度税

---

[52]「自民税調　その力の源」日本経済新聞2013年1月13日朝刊4面。
[53] 森信茂樹「論点政府と党責任明確に」読売新聞2013年1月29日朝刊13面参照。
[54] 小島和夫『法律ができるまで』（ぎょうせい，1979）307頁参照。

制改正法案における衆参両院の委員会決議に際しては，以下に掲げる「所得税法等の一部を改正する法律案に対する附帯決議」が付されている。

◎衆議院財務金融委員会（平成27年3月13日）
　政府は，次の事項について，十分配慮すべきである。
一　税制抜本改革法第7条の規定に基づき，消費税率の引上げを踏まえて，低所得者に配慮する観点からの施策について検討し，その結果に基づき，必要な措置を講ずること。
一　税制のあり方については，目下のデフレ脱却・経済再生に向けた対応とともに，今後とも，格差の固定化につながらないよう機会の平等や世代間・世代内の公平の実現，簡素な制度の構築といった考え方の下，不断の見直しを行うこと。
一　高水準で推移する申告件数及び滞納税額，経済取引の国際化・広域化・高度情報化による調査・徴収事務等の複雑化に加え，近年の国税通則法の改正，社会保障・税一体改革に伴う税制改正への対応などによる事務量の増大に鑑み，適正かつ公平な課税及び徴収の実現を図り，歳入を確保するため，定員の確保，国税職員の職務の困難性・特殊性を適正に評価した給与水準の確保など処遇の改善，機構の充実及び職場環境の整備に特段の努力を払うこと。

◎参議院財政金融委員会（平成27年3月31日）
　政府は，次の事項について，十分配慮すべきである。
一　税制の公平性等を確保するため，租税特別措置の適用実態調査の結果に関する報告書を踏まえ，適用実績の把握と効果の検証を十分に行うとともに，効果が不明確なもの等は縮減・廃止するなど，租税特別措置の徹底した見直しを推進すること。
一　企業の国際競争力強化や産業の空洞化防止等のために行われる法人税改革にあわせて，実質的な法人税負担率の状況やOECDにおけるBEPS

（税源浸食と利益移転）プロジェクトの議論等を踏まえ，大規模な多国籍企業のグローバルな活動・納税実態の把握のための仕組み等について検討し，その結果に基づき，必要な措置を講ずること。
一　車体課税については，車が地方での生活に欠かせないものとなっていることから，税制抜本改革法第 7 条の趣旨等に沿って，安定的な財源を確保した上で，地方財政にも配慮しつつ，簡素化，負担の軽減及びグリーン化の観点から見直しを推進すること。
一　高水準で推移する申告件数及び滞納税額，経済取引の国際化・広域化・高度情報化による調査・徴収事務等の複雑化に加え，近年の国税通則法の改正，社会保障・税一体改革に伴う税制改正への対応などによる事務量の増大に鑑み，適正かつ公平な課税及び徴収の実現を図り，歳入を確保するため，定員の確保，国税職員の職務の困難性・特殊性を適正に評価した給与水準の確保など処遇の改善，機構の充実及び職場環境の整備に特段の努力を払うこと。特に，OECD における BEPS プロジェクトの議論等を踏まえ，国際税務に精通する職員の育成や定員の確保等，従来にも増した税務執行体制の整備に努めること。

　附帯決議は，委員会における法案決議に際しての野党との調整に活用されることが多いようである。例えば，上記参議院における附帯決議の 1 つめの租特適用実態調査の件は，同じ内容のものが平成25年度税制改正以降，直近の平成29年度税制改正に至るまで 5 年続けて決議されている。これは，「租税特別措置の適用状況の透明化等に関する法律（平成22年法律第 8 号）」（いわゆる租特透明化法）が制定された当時の与党であった（当時の）民主党の意思が反映されているものと考えることができる。
　また，上記衆議院における附帯決議の 1 つめの消費税率引上げ時の低所得者に配慮する観点の施策については，公明党が推進する「軽減税率」が明記されていないことに野党の意思を読み取ることができると思われる[55]。

---
[55] この附帯決議で掲げられている税制抜本改革法 7 条では，低所得者に配慮する観点の施策として，まず，マイナンバーを利用した社会保障制度の見直しや給付付き税額控

除等の政策の導入が挙げられており（同条1号イ），続いて，複数税率の導入については，「財源の問題，対象範囲の限定，中小事業者の事務負担等を含め様々な角度から総合的に検討する」こととされている（同号ロ）。

第3節　租税法条文の平易化～昭和38年の税調答申から

「最近の立法技術のレベルが落ちていて，租税法の条文が年々複雑になっている。」という話を聞いたことがある。

常に変動する経済事象に対応し，特定の政策目的の特別措置なども設けられる税制がある程度複雑にならざるを得ないとしても，租税法の条文はできるだけ平易であるべきである。

租税法も法令として一定のルールに則って書かれているので，そのルールをまずは理解することが重要であると考えて，前章では立法技術や法令用語のルールのポイントを中心に解説した。

しかし，そのようなルールを知っていたとしても，税制改正大綱で趣旨は分かるものの，いざ改正条文を読むと，複雑難解で理解するのが大変である。

このような状況は，いつ頃から始まったのだろうか。昔の租税法の条文はシンプルで読み易かったのだろうか。もしそうであれば，現在の状況を是正できないのか。そのためのヒントが昭和38年に出された政府税調の答申にあるので，以下に紹介する。昭和40年に所得税法と法人税法は全部改正されているのだが，この答申では，それに先立って，租税立法のあり方の指針が示されている。

◎税制調査会「所得税法及び法人税法の整備に関する答申」（昭和38年12月）抄

Ⅲ　条文の配列及び表現方法

所得税法等の全文改正に当たっては，税法の平明化を図るため，条文の配列及び表現方法につき次の諸点に配慮する。

(1)　規定の内容を理解しやすいものにするため，各条文をできる限り簡潔平明な表現でまとめ上げることに留意し，

（イ）条文の各センテンスが余り長文にならぬようにする。

（ロ）結論に至るまでの条件が二つ以上あって，かつ，複雑な内容のも

のである場合には，本文で条件を並列せず，号を設けて本文とは別に列挙し，結論を読みやすくする。
- (ハ) かっこ書はできる限り避け，特に二重かっこはやめる。
- (ニ) 本文中に例外事項を挿入することはできる限りやめ，例外事項は別項で規定する。本文ただし書についても，複雑な内容や長文にわたる場合には別項で規定する。
- (ホ) 項の数が多数に上るものは，内容に応じ条を改めて規定する。
- (ヘ) 必要に応じ算式又は表を用いる。なお，例示を設けることについて検討する。
- (ト) 準用規定はできる限り避ける。特に孫準用と複雑な読み替え規定はやめる。
- (チ) 難解な専門用語を使用することをできる限り避け，なるべく社会一般に通用する用語を用いる。
- (リ) 除外範囲が広範囲にわたる表現を避け，逆に，なるべく適用範囲を直接的に規定する形式をとる。
- (ヌ) 否定する規定を否定する表現の規定や打消しを打ち消すような表現の規定は避ける。
- (ル) 「この限りでない」とか「‐‐‐を妨げない」という表現は，意味があいまいになるおそれもあるのでその使用に注意する。
- (2) 用語の定義はできる限り関係条文の箇所で規定し，全篇にわたってかなりの頻度で使用されるものを総則又は関係章節の冒頭で規定する。(たとえば，現在所得税法の総則中に規定されている特別農業所得者，控除対象配偶者，扶養親族，障害者，老年者，寡婦及び社会保険料の定義は，予定納税及び各種控除の箇所で規定する。)

  また，漠然と「以下同じ」という方式による用語の定義づけはやめる。
- (3) 税法の仕組み，規定の趣旨をできる限り掲げて，理解の便に資する。
- (4) 原則的事項と例外的事項とがある場合において，事柄の程度及び理解の便宜の点からみて適当と認められるときは，必ずしも条項の順序を追

> わず，例外的規定を後へまとめて規定することを考慮する。
> (5) 特例に当たる事項や関連制度等を引用するための，いわゆるクロス・リファレンスの方式を採用すべしとする考え方もあるが，法形式として問題もあるので，その採否につき今後検討するものとする。

　いかがだろうか。50年以上前に作られた指針であるが，現在でも十分に通用する示唆に富む内容ではなかろうか。

　そして，現行所得税法（昭和40年法律33号）及び法人税法（昭和40年法律34号）は，一応，この指針に則って書かれているのである。ちょっと信じられないかもしれないが，両法が制定された昭和40年当時は現在よりもずっとシンプルだった条文が，半世紀にわたる毎年の改正を経て，複雑難解な旧来の姿に戻ってしまっているということかもしれない。

　また，この答申が出される以前に制定されている地方税法（昭和25年法律226号）や租税特別措置法（昭和32年法律26号）などは，更に複雑難解である。

　この答申で示されている指針を現代版に改め，それに従い，全ての租税法の条文を平易な表現にすべく全面的に見直す機会を設けるべきであろう。大変な作業になるが，段階的にでも実施されることが期待される。

第4節　罰則の意義

「○○税法違反の疑いで逮捕」というニュースが報じられることがあるが、この「○○税法違反」の根拠規定は何だろうか。

それは一般的には、租税法の規定の違反に対する制裁を定める「罰則規定」が適用されることを意味する。

I　罰則の位置

法令のうち、題名・目次等を除く部分は、基本的に「本則」と「附則」に分けられる。そして、罰則規定は、各法令の実質的な内容である実体的規定とは別に、本則の最後に置かれていることが一般的である。

所得税法等の租税法についても、この例にならい、原則として、罰則規定は本則の最後に置かれているが（ 例1 ）（ただし、関税法及び国税通則法（平成30年4月施行）は、罰則の後に「犯則事件の調査及び処分」に係る章が置かれている。これについては、本節Vで後述）、地方税法については、例外的に、各章の実体規定ごとに罰則規定が置かれている。

例1　◎所得税法

目次（抄）

　第1編　総則
　第2編　居住者の納税義務
　第3編　非居住者及び法人の納税義務
　第4編　源泉徴収
　第5編　雑則
　第6編　罰則
　附則

Ⅱ　国税通則法上の罰則の例

　国税通則法においても，従来は罰則は本則の最後に置かれていたのだが，平成29年度税制改正において罰則の後に「犯則事件の調査及び処分」に係る章が置かれることになった（平成30年4月施行。これについては本節Ⅴで後述）。

　国税通則法上の罰則として，例えば127条は以下のように規定している（ 例2 ）。

　例2 　◎国税通則法
　第127条　次の各号のいずれかに該当する者は，1年以下の懲役又は50万円以下の罰金に処する。
　一　第23条第3項（更正の請求）に規定する更正請求書に偽りの記載をして税務署長に提出した者
　二・三　〔略〕

　この規定は，平成23年12月の国税通則法改正において，「更正の請求期間が延長されたことに伴い処理件数の増加が見込まれる中，更正の請求手続を利用した悪質な不正還付請求を未然に防止し，もって適正かつ円滑な税務行政を確保する観点」[56]から，新設されたものである。

　比較的最近の改正であるから，ご記憶のことと思うが，このように，更正の請求手続について規定する23条とは切り離して，罰則は別途規定されているということである。

　また，平成29年度税制改正において国税犯則取締法が廃止されることに伴い，同法に規定されていた「脱税煽動犯」（税犯22条）が，現代語化（内容の変更はない。）された上で国税通則法に編入される（平成30年4月施行。改正税通126条）（ 例3 ）。

---

[56] 荒井勇ほか編『国税通則法精解』（大蔵財務協会，平成28年改訂，2016）1288頁。

> 例3　◎国税通則法〔平成30年4月1日施行〕
> 第126条　納税者がすべき国税の課税標準の申告（その修正申告を含む。以下この条において「申告」という。）をしないこと，虚偽の申告をすること又は国税の徴収若しくは納付をしないことを煽動した者は，3年以下の懲役又は20万円以下の罰金に処する。
> 2　納税者がすべき申告をさせないため，虚偽の申告をさせるため，又は国税の徴収若しくは納付をさせないために，暴行又は脅迫を加えた者も，前項と同様とする。

　なお，この改正でこの新たな126条が挿入されることに伴い，従来の国税通則法上の罰則規定（126条〜129条）の条名（条文番号）は，それぞれ繰り下げられることになる（例えば， 例2 の127条は改正後128条になる。）。本改正後の国税通則法上の罰則規定の構成は以下のようになる。

126条：脱税煽動罪
127条：国税の調査・徴収等に関する事務従事者による守秘義務違反
128条1号：更正請求書の虚偽記載犯
　同条2号：質問検査拒否妨害等犯
　同条3号：提示・提出要求不応諾犯，虚偽記載帳簿書類等の提示・提出犯
129条：不答弁・虚偽答弁犯，検査妨害等犯
130条：両罰規定等

Ⅲ　税理士法上の罰則の例

　平成26年3月の税理士法改正によって，非税理士に対する名義貸しの禁止規定（税理士37条の2）が設けられたが，併せて，これに対応する罰則規定（同59条1項2号）も設けられている（ 例4 ）。

> **例4** ◎税理士法
> （非税理士に対する名義貸しの禁止）
> 第37条の2　税理士は，第52条又は第53条第1項から第3項までの規定に違反する者に自己の名義を利用させてはならない。
>
> ・・・
>
> 第59条　次の各号のいずれかに該当する者は，2年以下の懲役又は100万円以下の罰金に処する。
> 　一　税理士となる資格を有しない者で，日本税理士会連合会に対し，その資格につき虚偽の申請をして税理士名簿に登録させたもの
> 　二　<u>第37条の2（第48条の16において準用する場合を含む。）の規定に違反した者</u>
> 　三　第38条（第50条第2項において準用する場合を含む。）又は第54条の規定に違反した者
> 　四　第52条の規定に違反した者

＊＊＊

　以上のように，租税法等の条文を読むときには，その実体的規定に対応する罰則規定が別途本則の最後に置かれていることがあるので，留意されたい。

Ⅳ　両罰規定

　ある犯罪が行われた場合に，その行為者本人を罰するとともに，その行為者の業務主（自然人又は法人）に対しても処罰する旨の規定が設けられていることが多くある。このような規定を「両罰規定」という。

　租税法においても，所得税法，法人税法，相続税法，消費税法，酒税法，その他直接税，間接税を問わず各租税法に両罰規定が定められている。以下に一例として，所得税法243条1項を示す（**例5**）。

> 例5　◎所得税法
> 第243条　法人の代表者（人格のない社団等の管理人を含む。）又は法人若しくは人の代理人，使用人その他の従業者が，その法人又は人の業務又は財産に関して第238条から前条まで（所得税を免れる等の罪・源泉徴収に係る所得税を納付しない罪・確定所得申告書を提出しない等の罪・偽りの記載をした予定納税額減額承認申請書を提出する等の罪）の違反行為をしたときは，その行為者を罰するほか，その法人又は人に対して当該各条の罰金刑を科する。
> 2・3　〔略〕

　両罰規定により課される刑は，罰金その他の財産刑に限られている。

　ちなみに，行政手続における特定の個人を識別するための番号の利用等に関する法律にも両罰規定が置かれている（番号77条）。したがって，税理士事務所や税理士法人の職員が番号法違反により罰せられる場合には（一定の懲役刑若しくは罰金刑又は併科。番号67条，68条，70条又は73条～75条），税理士事務所の代表者や税理士法人に罰金刑が科される可能性があるということである。

V　罰則サンド～犯則調査規定の国税通則法への編入

　ところで，平成29年度税制改正では，国税犯則取締法が廃止され，同法に規定されていた国税に関する犯則事件の調査及び処分に関する手続等（以下「国税犯則調査手続」という。）が国税通則法に編入されるという歴史的な見直しがなされた（平成30年4月施行）。

　この改正の内容面ももちろん重要なのだが，ここではあえて，既存の法律を廃止して他の法律に編入するという形式的な問題を中心に考えてみたい[57]。

---

[57] 以下の解説については，臼井滋夫『国税犯則取締法』（信山社，1990），佐藤英明ほか「PERSON 国税犯則取締法改正」税研33巻1号（2017）1頁以下，財務省ウェブサイト『平成29年度　税制改正の解説』992頁以下を参考にした。

1 改正に至る経緯

国税犯則取締法は，間接国税犯則者処分法（明治23年法律第86号）を全部改正して，明治33年に制定された（法律第67号）。その後，題名が国税犯則取締法に変更され，調査・処分の対象が間接国税以外の国税に関する犯則処分にも拡張されるなどの昭和23年の改正を最後に，大幅な見直しはされていなかった。そのため，条文が片仮名・文語体表記のままで現代離れしており，また，同様の犯則調査手続を規定する関税法と較べて不備な点が指摘されていた。

そのような中，平成28年10月から11月にかけて政府税制調査会において，国税犯則調査手続の見直しが検討され，その結果，国税犯則調査手続について，情報処理の高度化等に対応するため，平成23年に刑事訴訟法に措置された電磁的記録の証拠収集手続を参考として整備すべきと考えられる事項及び関税に関する犯則調査手続を定める関税法とバランスをとる観点から見直しが必要と考えられる事項を整理した「国税犯則調査手続の見直しについて」（平成28年11月14日）が公表された。

平成29年度税制改正は，以上の政府税制調査会の議論を踏まえてなされたものである。

2 改正の概要

平成29年度改正の内容は多岐にわたるが，要は国税犯則調査手続について，①電磁的記録の証拠収集手続が整備されたとともに，②関税法に基づく犯則調査手続等を踏まえて調査手続等が整備され，併せて③規定を現代語化した上で国税通則法へ編入する等の見直しが行われたということである。

このうち，以下では特に③について，考えていく。

3 国税通則法への編入

国税犯則取締法を廃止し，国税犯則調査手続に係る諸規定を国税通則法に編入した意義は，国税犯則調査に係る諸規定を現代語化（平仮名・口語体表記）することと併せて，法形式面での整備が図られたということである。

ここで，一般的な（犯罪捜査のために認められたものと解してはならないと

される（税通74条の8））質問検査権の手続等を規定する国税通則法に（刑事処罰を目的とする）犯則調査の手続等についてもセットで規定してしまうことについては，違和感を示す読者もあるかもしれない。

　しかし，これについては，同様に犯則調査手続について定めている関税法，金融商品取引法及び独占禁止法において，これらの犯則調査の手続等が行政調査に係る手続等と同じ法律に規定されているという前例を踏襲したという整理がされている。

　もっとも，税務調査の担当部署と犯則調査の担当部署間の情報のやり取りを制限するファイアウォールの仕組みが今回の改正では整備されていないので，この点は，改正法施行後の運用を注視していく必要があるものと考えられる。

4　新たな国税通則法の体系

　今回の改正により，国税通則法の体系は以下のようになった。

第1章　総則
第2章〜第7章　〔略〕
第7章の2　国税の調査
第7章の3　行政手続法との関係
第8章　不服審査及び訴訟
第9章　雑則
第10章　罰則
第11章　犯則事件の調査及び処分
附則

　つまり，国税通則法の本則の最後に新たに11章を設けて，ここにまとめて国税犯則調査手続に係る規定が置かれたのである。

　"編入"というからには，国税通則法に新たに「編」を設けて従来の国税通則法上の規定と明確に区分することもあり得るかと著者は考えていたのだが，さすがに実際はそうではなく，既存の関税法を踏襲したかたち（本則の最後に

章立て）となった。

　この新たな11章は，罰則（10章）の次に置かれており，これはちょっとヘンである。前述のように，通常，罰則は本則の最後に置かれることとされているからである。租税法でも，（改正前の）国税通則法，国税徴収法，所得税法，法人税法，相続税法，消費税法，印紙税法など，ほとんど全ての法律の本則の最後は罰則である。

　しかし，関税法においては，罰則（10章）の次に「犯則事件の調査及び処分」（11章）が置かれており，今回の改正はこの前例を踏襲したということである。ちなみに，前述の金融商品取引法及び独占禁止法においても同様に，罰則の後に「犯則事件の調査等」に係る章が置かれている。この一風変わった状態を著者は"罰則サンド"と呼んでいる。

第5節　租税優遇措置の意義

　担税力その他の点で同様の状況にあるにもかかわらず，何らかの政策目的の実現のために，特定の要件に該当する場合に，税負担を軽減しあるいは加重することを内容とする措置のことを「租税特別措置」といい，そのうち，税負担の軽減を内容とする措置を「租税優遇措置」という（これに対して，税負担を加重する特別措置を「租税重課措置」という。）[58]。

I　租税特別措置法の意義

　租税優遇措置の大部分は，租税特別措置法によって定められている。租税特別措置法1条（趣旨）では，同法における優遇措置の対象が「所得税，法人税，地方法人税，相続税，贈与税，地価税，登録免許税，消費税，酒税，たばこ税，揮発油税，地方揮発油税，石油石炭税，航空機燃料税，自動車重量税，印紙税その他の内国税」であることが明らかにされている。

> ◎租税特別措置法
> 　（趣旨）
> 　第1条　この法律は，当分の間，所得税，法人税，地方法人税，相続税，贈与税，地価税，登録免許税，消費税，酒税，たばこ税，揮発油税，地方揮発油税，石油石炭税，航空機燃料税，自動車重量税，印紙税その他の内国税を軽減し，若しくは免除し，若しくは還付し，又はこれらの税に係る納税義務，課税標準若しくは税額の計算，申告書の提出期限若しくは徴収につき，所得税法（昭和40年法律第33号），法人税法（昭和40年法律第34号），地方法人税法（平成26年法律第11号），相続税法（昭和25年法律第73号），地価税法（平成3年法律第69号），登録免許税法（昭和42年法律第35号），消費税法（昭和63年法律第108号），酒税法（昭和

---

[58] 金子・租税法88頁。

28年法律第6号），たばこ税法（昭和59年法律第72号），揮発油税法（昭和32年法律第55号），地方揮発油税法（昭和30年法律第104号），石油石炭税法（昭和53年法律第25号），航空機燃料税法（昭和47年法律第7号），自動車重量税法（昭和46年法律第89号），印紙税法（昭和42年法律第23号），国税通則法（昭和37年法律第66号）及び国税徴収法（昭和34年法律第147号）の<u>特例を設けることについて規定するものとする</u>。

　また，優遇措置とは具体的には，上記の各国税を①軽減・免除又は還付し，②納税義務，課税標準・税額の計算，申告書の提出期限又は徴収についての所得税法等の特例をいうものであるとされている。

　さらに，この1条には，主語に続き「当分の間」との文言がある。「当分の間」というのは，不確定の期限を表す用語である。租税特別措置法1条では，臨時的な措置を定めたものであって，将来その改廃が予想されるが，それがいつまでに行われるかという時点をはっきりと押さえることができない場合に用いられている用法であると考えられる。では，「当分の間」というのはいつまでなのか，どのくらいの期間をカバーしているのかというのが気になるところであるが，これについては，「将来別に立法上の措置がとられるまでは，˙い˙つ˙ま˙で˙も˙続˙く˙も˙の」[59]と解されている。いずれにしても，1条で「当分の間」とされているので，租税特別措置法に規定されている全ての優遇措置が臨時的なものであるということになる。したがって，（租税特別措置法に規定されている多くの優遇措置は具体的な期限が定められているが）例えば（よく問題になる）社会保険診療報酬の所得計算の特例（租特26条）などのように当該条文に期限の定めがなくても，同法1条の趣旨から，暫定的な臨時措置であるということになる。もっとも上述のように，期限の定めがない以上，˙い˙つ˙ま˙で˙も˙続˙く˙ものということにもなるのだが…。

Ⅱ　地方税の優遇措置

　前述のように租税特別措置法上の優遇措置の対象は，その1条に例示されて

---

[59] 法令用語辞典590頁。傍点著者。

いるような内国税，つまり国税である。その意味において，この法律の題名は「国税優遇措置法」とした方が正確であるように思われる。「優遇措置」とするかどうかは措くとしても，「国税通則法」や「国税徴収法」という題名の法律があるのに，なぜこの法律だけが「租税特別措置法」というのか，やや不思議である。

さて，では地方税についての優遇措置はどこに規定が置かれているのかご存知だろうか。

「それはもちろん地方税法でしょう！」という答えが返ってきそうだが，地方税法の本則には優遇措置に関する規定は基本的に置かれていないのである。ではどこにあるのかというと，答えは地方税法の原始附則である。

地方税法には，通常の毎年の税制改正時に付される附則とは別に，原始附則といわれるものがある。「原始附則」とはその法律の制定時に置かれた附則のことを特にこう呼んでいるものである。

そして，地方税法の原始附則3条の2以下に，同法上の特別措置に係る規定がまとめて置かれているのである。その理由は，「一覧性を確保する観点」といわれている[60]。現行地方税法の原始附則の最後は57条だが，毎年の税制改正によって多くの枝番の条文が追加されており，原始附則中の特別措置に係る条文数は160を超える。一覧性といっても，附則には章・節立ても目次もないので，非常に読みづらい。優遇措置は国民にとって重要な関心事項であるから，根拠規定を探すことが非常に困難というのは問題である。地方税法は日本で最大の法律でもあるので[61]，将来的には，所得税法のように「編」を設けるなどして，原始附則中の特別措置に係る条文を本則に編入すべきであろう。

Ⅲ　租特透明化法

以上のような租税優遇措置は，かねてから「かくれた補助金」であるなどの批判があり[62]，民主党政権下の平成22年度税制改正によって租税特別措置の適

---

[60] 財務省ウェブサイト『平成24年度 税制改正の解説』875頁。
[61] 第3章第2節Ⅱ(8)③（48頁）参照。
[62] 北野弘久『現代企業税法論』（岩波書店，1994）310頁以下参照。

用状況の透明化等に関する法律（いわゆる租特透明化法）が制定され，平成23年度分から「租税特別措置の適用実態調査の結果に関する報告書」が国会に提出されるようになっている。

　なお，租特透明化法は国税が対象であるが，地方税についても地方税法7章に「地方税における税負担軽減措置等の適用状況等に関する国会報告」に係る諸規定が置かれている。

第6節　租税関係法令の相関

本節では，少し離れた視線で租税法令を眺めてみよう。

租税法にまつわる主な法令等との関係を示した相関図を作ってみたので，まずは〈図表4-3〉をご覧いただきたい。以下では，この図を基に解説を進める。

〈図表4-3〉租税関係法令の相関図（主なもの）

```
                        日本国憲法：最高法規
                    ┌──────────────────────────┐
                    │           租税法          │
  行政手続法   ─一般法─  国税通則法      地方税法
  行政不服審査法 ─特別法→                │
  行政事件訴訟法          一般法 特別法   準則法        商法  会社法
                                    │                      
  一般法 特別法         各税法  国税徴収法   準用           一般法 特別法
        │              (例)   国税犯則取締法  条例              │
     民事訴訟法         所得税法                              民法
                       法人税法
                       相続税法
                       消費税法
                        …
                                        刑法
                                        刑事訴訟法
```

I　租税法の体系

まず，〈図表4-3〉の「租税法」の箱の中を見てほしい。我が国の租税法の体系は，大きく，国税と地方税という2つに分類できる。

国税としては，国税通則法，国税徴収法，所得税法，法人税法，等々と様々

な個別の法令がある。このうち，国税通則法は一般法であり，それ以外の各法律はその特別法という位置づけである。

これに対して地方税では，そのあらゆる税目と手続について，全てまとめて1つの法律，すなわち地方税法で規定されている。そして，地方税法3条1項が「地方団体は，その地方税の税目，課税客体，課税標準，税率その他賦課徴収について定をするには，当該地方団体の条例によらなければならない。」と規定していることなどから，地方税法は，地方団体が定める地方税に関する条例の準則法と位置づけられている。また，各地方税に関する犯則事件については，国税犯則取締法の規定を準用することとされている（地税71条，71条の22，71条の43，71条の63，72条の73，72条の96[63]，72条の111，73条の41，74条の30，97条，139条，144条の54，174条，205条，336条，437条，485条の6，546条，616条，701条の23，701条の68，746条）。

なお，平成29年度税制改正により，国税犯則取締法は廃止され，同法に規定されていた犯則調査手続等が国税通則法に編入されることになっている（平成30年4月施行）[64]。

Ⅱ　行政法との関係

行政の処分に至る事前手続について定める行政手続法，そして事後救済手続について定める行政不服審査法及び行政事件訴訟法の3法は，国税通則法及び地方税法の一般法である（税通及び地税は3法の特別法）。

また，行政事件訴訟法は，民事訴訟法の特別法である。

Ⅲ　私法との関係

租税が賦課・徴収の対象とする私人の経済活動は，第一次的には民法，商法及び会社法を中心とする私法によって規律されている。例えば，民法や会社法

---

[63] 譲渡割に関する犯則事件については，当分の間，この規定にかかわらず，間接国税以外の国税に関する犯則事件とみなして，国税犯則取締法の規定を適用することとされている（地税原始附則9条の12）。
[64] 本章第4節Ⅴ（146頁以下）参照。

が改正されれば，それに合わせて各租税法も所要の見直しがなされることになる。また，租税法上特に定義規定が置かれておらず既に他の法律分野で明確に意味内容が与えられている概念を「借用概念」というが，これが主として問題となるのは私法からの借用概念である。このような意味で，租税法と私法とはきわめて深い関係にあるといえる。

なお，商法や会社法は民法の特別法という位置づけである。

IV 刑事法との関係

各租税法は，そこで規定される各種の義務の違反に対して刑罰を定めていることが多いが，その罰則規定の解釈にあたっては，刑法の規定や理論が参照されなければならない。また，租税に関する犯則事件については，国税犯則取締法[65]が通常の犯罪捜査に先行する特別な調査手続を定めているが，その手続は，実質的には，刑事訴訟法上の刑事手続と密接な関係をもつものといえる。このような意味において，租税法は刑事法とも深い関係にある。

V 憲法との関係

最後に日本国憲法については，これはもちろん最高法規であるし（憲98条1項），租税法律主義（同84条，30条）や法の下の平等（同14条1項）を根拠とする租税公平主義などからしても，当然に租税法と密接な関係にある。

---

[65] 平成30年4月以降は，国税通則法11章。

第7節　租税行政に係わる行政法

　前節では、行政法のうち、行政手続法、行政不服審査法及び行政事件訴訟法の3法と租税法の関係に触れた。ただ、一口に「行政法」といっても、行政関係の諸法律は「1,900本にも及ぶ」[66]とされている。このうち、租税行政に係わる中心領域は、もちろん、国税通則法、所得税法、法人税法、相続税法、租税特別措置法、地方税法等の各租税法になるが、これら以外にも租税行政に係わる重要な行政法がある。

I　国税通則法・地方税法から見た3つの一般法

　各行政法の中で、税務との関連で何よりも重要であるのは、国税通則法及び地方税法の一般法である行政手続法、行政不服審査法及び行政事件訴訟法（以下、これら3つの法律を合わせて「3法」という。）である。

　3法から見て、国税通則法及び地方税法は特別法になるから、国税又は地方税に関して、国税通則法又は地方税法に定めのない事項については、原則として、3法の規定が適用されることになる（行手1条2項、行審1条2項、行訴1条、税通74条の14・80条・114条、地税18条の4・19条・19条の11)[67]。

　以下、3法それぞれについて、租税行政との係わりについて解説する。また、3法のほか、租税行政に係わりの深い2つの行政法（行政機関情報公開法及び行政機関個人情報保護法）についても併せて解説する。

II　行政手続法

　行政手続法は、処分・行政指導・届出・命令等の制定（以下、これら処分に至る一連の手続を「事前手続」という。）について、一般的な規律を定めている。

　ただし、事前手続であっても他の法律による特別の定めがある場合には、その特別法により規律され（行手1条2項）、個別法の側で行政手続法の適用除

---

[66] 櫻井敬子＝橋本博之『行政法』（弘文堂、第5版、2016）2頁。
[67] 地方税法以外の条文は、27～29頁参照。

外を定めている場合もある。まず、国税に関する事前手続に関して、行政手続法の適用関係は、〈図表4-4〉のとおりである。

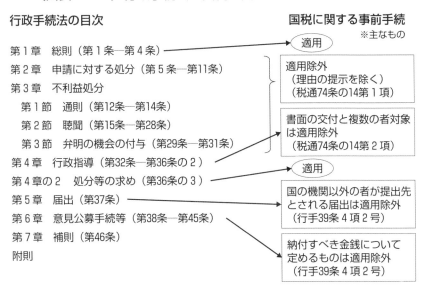

〈図表4-4〉行政手続法の国税に関する手続への適用関係

事前手続に関する一般法たる行政手続法の諸規定のうち、もっとも重要な2章（申請に対する処分）及び3章（不利益処分）については、国税に関する事前手続の領域では、従来全ての条文が適用除外とされていたが、平成23年12月の国税通則法の改正で理由の提示に係る規定（行手8条及び14条）が適用されることとされたことは（税通74条の14第1項括弧内。地税18条の4第1項括弧内も同じ。）、記憶に新しいところであろう。また、租税に関する命令等の制定に際しての意見公募手続（パブリック・コメント）が原則として適用除外とされていることについては、第2章第2節（22頁以下）で解説しているので、そちらを参照されたい。なお、行政手続法1章（総則）及び4章の2（処分等の求め）は、国税に関する事前手続についても全面的に適用される[68]。

---

[68] 「処分等の求め」の租税手続への活用については、青木丈『新しい国税不服申立制度

次に，地方団体の処分及び届出については，各地方団体の条例又は規則に基づく場合には行政手続法の規定は適用されないが，国の法律を根拠に処分等がなされる場合には行政手続法が適用される。行政指導と命令等の制定については，地方団体の機関がするものは全て行政手続法の対象外である（行手3条3項）。行政手続法の対象外となっている部分について，各地方団体はそれぞれ行政手続条例を定めて対応している。

Ⅲ　行政不服審査法

行政不服審査法は，行政庁の処分（公権力の行使に当たる事実上の行為を含む。）に関する不服申立手続の一般法である（行審法1条2項）。現行行政不服審査法は平成26年に全部改正され（法律第68号），平成28年4月から施行されている。

国税に関する法律に基づく処分に対する不服申立て(以下「国税不服申立て」という。）に関して，行政不服審査法の適用関係は，〈図表4－5〉のとおりである。

国税不服申立てについては，一般的な行政不服審査法上の定めに対する特例が，国税通則法8章1節（不服審査）に定められている。したがって，この関係においては，国税通則法は一般法たる行政不服審査法の特別法と位置づけられるが，一般法である行政不服審査法と同様の手続であっても，国税通則法は，基本的に，ほぼ自己完結的に規定していることに特徴がある。すなわち，国税通則法は，国税不服申立てについては，原則として，行政不服審査法2章及び3章に規定される不服申立てに係る手続を適用除外とした上で（税通80条1項括弧内），不服申立てに係る一連の個別の規定を定めている。

次に，地方税に関する不服申立手続に関しては，地方税法に規定される固定資産の価格に係る審査等の一部の例外（地税423条～436条）を除き，行政不服審査法の規定が全面的に適用される。

の理論と実務』（ぎょうせい，2016）32～33頁を参照されたい。

〈図表4−5〉行政不服審査法の国税不服申立ての適用関係

行政不服審査法の目次　　　　　　　　国税不服申立て

目次
　第1章　総則（第1条─第8条）────────→ 適用
　第2章　審査請求
　　第1節　審査庁及び審理関係人（9条─17条）
　　第2節　審査請求の手続（18条─27条）
　　第3節　審理手続（28条─42条）　　　　　　　適用除外
　　第4節　行政不服審査会等への諮問（43条）　　（税通80条1項）
　　第5節　裁決（44条─53条）
　第3章　再調査の請求（54条─61条）
　第4章　再審査請求（62条─66条）
　第5章　行政不服審査会等
　　第1節　行政不服審査会
　　　第1款　設置及び組織（67条─73条）
　　　第2款　審査会の調査審議の手続（74条─79条）　適用なし
　　　第3款　雑則（80条）　　　　　　　　　　　　（国税と関係しない手続）
　　第2節　地方公共団体に置かれる機関（81条）
　第6章　補則（82条─87条）────────→ 適用
　附則

※酒税法上の免許に関する処分に対する不服申立てについては、上記にかかわらず、全面的に行政不服審査法を適用（税通80条3項）。

Ⅳ　行政事件訴訟法

　行政事件訴訟法は，事後救済制度としての行政事件訴訟に関する一般法である（行訴1条）。

　租税に関する行政事件訴訟については，後述の若干の例外を除いて，ほぼ全面的に行政事件訴訟法が適用される。この点，一般法とはいえ実際には多くの条文が適用されない行政手続法及び行政不服審査法（地方税は原則適用）とは，異なる。

　租税に関する行政事件訴訟法の例外規定は，主として以下の2つである。

　まず1つめは，租税に関する処分の取消しの訴えは，原則として，当該処分

についての審査請求に対する裁決を経た後でなければ提起することができないという"不服申立前置"である（税通115条1項本文，地税19条の12・434条）。憲法は「裁判所において裁判を受ける権利」を保障しており（憲32条），行政事件訴訟法上も不服申立てと行政訴訟を自由に選択できることを原則としている（行訴8条1項本文）。しかし現実には，例外的に不服申立前置についての特別の定めを認める行政事件訴訟法8条1項ただし書により，不服申立前置を採用する個別法が多数存在する。国税通則法及び地方税法については，「大量の不服申立てがあり，直ちに出訴されると裁判所の負担が大きくなると考えられる場合」[69]に該当することから，不服申立前置が採用されている。

例外規定のもう1つは，課税処分に対する取消訴訟における原告（納税者）が行うべき証拠の申出と，その違反があった場合の効果に関する規定である（税通116条，地税19条の14）。

V　行政機関情報公開法

行政機関の保有する情報の公開に関する法律（以下「行政機関情報公開法」という。）とは，国の行政機関が保有する行政文書の開示請求手続について定める法律である。地方団体の行政機関が保有する情報の公開については，各団体が定める情報公開条例で対応されている。

行政機関情報公開法では，何人に対しても開示請求権を認め（行政情報公開3条），開示請求を受けた行政機関は，一定の例外を除き原則として，開示請求に係る行政文書を30日以内に開示しなければならないこととされている（同5条，10条）。

租税行政についても，同法は当然に適用されるので，国税庁等の内部文書や国税不服審判所の非公開裁決等を開示請求することにより入手することができる。

特に国税不服審判所では，平成8年7月1日以降に出された全ての裁決について，開示請求に資するための「裁決要旨検索システム」が提供されている。

また，日税連税法データベースが運営するTAINS（http://www.tains.

---
[69] 総務省「不服申立前置の見直しについて」（平成26年3月）1頁。

org/）では，行政機関情報公開法に基づく開示請求により入手した6,700件を超える各種租税行政文書をデータベース化しているので，税理士の方は，まずはTAINSを利用されることを強くお勧めする[70]。

Ⅵ 行政機関個人情報保護法

　行政機関の保有する個人情報の保護に関する法律（以下「行政機関個人情報保護法」という。）とは，国の行政機関における個人情報の取扱いについて定める法律である。地方団体の行政機関における個人情報の取扱いについては，各団体が定める個人情報保護条例で対応されている。

　行政機関個人情報保護法では，何人も行政機関に対して当該行政機関の保有する自己を本人とする保有個人情報の開示を請求することができることとされている（行政個人情報12条）。

　この開示請求制度の租税行政での利用については，開示まで原則として30日かかることから（行政個人情報19条1項本文），あまり利用されていないようである。税務署での過年度分の申告書等の閲覧については，運用上の行政サービスとして実施されている「申告書等閲覧サービス」を利用することによって，原則として即時に閲覧に供されるからである。ただ，このサービスは，申告書等の閲覧はできるものの，コピーの交付は原則として認められないため，申告書等の内容を，その場で手渡されるそれぞれの様式に書き写さなければならず，煩わしいことこの上ない（コピーの交付を受けるためには，行政機関個人情報保護法に基づく開示請求をして原則30日待たなければならない。）。電子申告がこれだけ普及し，マイナンバー制度も始まり，ICT化が進む租税行政においては，前時代的な手続であるといわざるを得ないので，申告書等閲覧サービスにおけるコピーの交付等の実現が期待されている[71]。

---

[70] 租税行政文書に関してご自身で開示請求される場合は，TAINSの編集担当としてこれまで大量の開示請求をされてきた朝倉洋子氏の著書（朝倉『税務情報の開示請求と活用法～実務家のための情報公開法』（ぎょうせい，2014））が参考になるだろう。

[71] 青木丈「申告書等閲覧サービスにおけるコピーの交付等」税理士界1329号（2015）15頁参照。

第8節　国税庁の組織と任務

　国税庁のウェブサイトでは，〈図表4-6〉のような組織図が示されている。国の行政機関の組織については，国家行政組織法をはじめとする各法令に根拠規定がある。そこで本節では，国税庁の機構について，法令上の根拠規定を確認する[72]。

〈図表4-6〉国税庁の組織図

---

[72] 以下本節の記述については，国税庁ウェブサイト「国税庁の機構」(http://www.nta.go.jp/soshiki/kokuzeicho/kiko/kikou.htm) を参考にした。

I　国税庁の任務と所掌事務

まず、国家行政組織法3条2項に基づき[73]、財務省に「国税庁」が置かれている（財務省設置法18条1項）。

国税庁は、①内国税の適正かつ公平な賦課及び徴収の実現、②酒類業の健全な発達及び③税理士業務の適正な運営の確保を図ることの3つを任務としている（財務省設置法19条）。

そして、これらの任務を達成するために、国税庁は以下に掲げる事務を所掌している（財務省設置法20条、4条1項17号・19号～23号・63号・65号、財務省組織令95条5項）。

① 内国税の賦課及び徴収に関すること。
② 酒税の保全並びに酒類業の発達、改善及び調整に関すること（酒税の保全に関する制度の企画及び立案を除く。）。
③ 醸造技術の研究及び開発並びに酒類の品質及び安全性の確保に関すること。
④ 法令の定めるところに従い、国税庁の所属職員がしたその職務に関する犯罪等（財務省設置法27条1項各号）に関する捜査を行い、必要な措置を採ること。
⑤ 印紙の形式に関する企画及び立案に関すること並びにその模造の取締りを行うこと。
⑥ 行政手続における特定の個人を識別するための番号の利用等に関する法律42条の規定による法人番号の指定、通知及び公表に関すること。
⑦ 所掌事務に係る国際協力に関すること。
⑧ ①から⑦までのほか、法律（法律に基づく命令を含む。）に基づき、財務省に属させられた事務
⑨ 税理士制度の運営に関すること。
⑩ 酒類に係る資源の有効な利用の確保に関すること。
⑪ 税務大学校において、国税庁の所掌事務に関する研修を行うこと。

---

[73] 国の行政機関として、財務省及び国税庁を置くことは、国家行政組織法3条4項に基づく同法別表第1にも明示されている。

Ⅱ 内部部局

国税庁には，長官官房並びに課税部，徴収部及び調査査察部が置かれている。

1 長官官房

組織の要である「長官官房」は，人事，会計，厚生等，組織全体にかかわる管理事務を行うとともに，多岐にわたる租税行政全般の総合的な運営方針を企画・立案している（具体的な所掌事務は，財務省組織令89条各号）。

長官官房には，総務課，人事課，会計課，企画課及び国際業務課並びに厚生管理官及び首席国税庁監察官それぞれ1人が置かれている（財務省組織規則383条。それぞれの所掌事務等については，同384条～391条）。

2 課税部

「課税部」は，内国税の賦課に関する事務の企画・立案，国税局・税務署の指導・監督，法令解釈の統一等を行っている（具体的な所掌事務は，財務省組織令90条各号）。

課税部には，課税総括課，個人課税課資産課税課，法人課税課及び酒税課が置かれている（財務省組織規則392条。それぞれの所掌事務については，同393条～397条）。

3 徴収部

「徴収部」は，国税債権・債務の管理事務や滞納国税の徴収事務を担当している（具体的な所掌事務は，財務省組織令91条各号）。

徴収部には，管理運営課及び徴収課が置かれている（財務省組織規則398条。それぞれの所掌事務については，同399条・400条）。

4 調査査察部

「調査査察部」は，経済取引の中枢を占める大法人を調査するとともに，悪質な脱税者を摘発し，検察当局に告発するという事務を担当している（具体的な所掌事務は，財務省組織令92条各号）。

調査査察部には，調査課及び査察課が置かれている（財務省組織規則401条。それぞれの所掌事務については，同402条・403条）。

Ⅲ　国税局

国税庁には，地方支分部局として，全国で11の「国税局」（札幌国税局（札幌市）・仙台国税局（仙台市）・関東信越国税局（さいたま市）・東京国税局（東京都）・金沢国税局（金沢市）・名古屋国税局（名古屋市）・大阪国税局（大阪市）・広島国税局（広島市）・高松国税局（高松市）・福岡国税局（福岡市）・熊本国税局（熊本市））と1の「沖縄国税事務所」が置かれている（財務省設置法23条1項・2項，財務省組織令96条）。

国税局及び沖縄国税事務所は，Ⅰに掲げた国税庁の所掌事務のうち，①，②，③，⑦，⑧，⑨及び⑩と，印紙の模造の取締りを行う事務を分掌している（財務省設置法23条3項）。

国税局には，総務部，課税部，徴収部，調査部，査察部等が置かれている（財務省組織規則443条。それぞれの所掌事務については，同444条〜449条）。

Ⅳ　税務大学校

国税庁の所掌事務に関する研修を行う文教研修施設として，「税務大学校」が置かれている（財務省組織令95条1項・5項）。

税務大学校の所掌事務は，次の4つである（財務省組織令95条2項各号）。

① 　財務省の職員に対して，国税庁の所掌事務に従事するため必要な研修を行うこと。
② 　税務に関する学術的な調査及び研究を行うこと。
③ 　税務に関する一般的な資料及び情報の収集整理及び提供を行うこと。
④ 　税務に関する国際協力を行うこと。

また，税務大学校には，上記の所掌事務を分掌させるため，東京都の本校のほかに，全国で12の地方研修所（札幌研修所（札幌市）・仙台研修所（仙台市）・関東信越研修所（和光市）・東京研修所（船橋市）・金沢研修所（金沢市）・名古屋研修所（名古屋市）・大阪研修所（枚方市）・広島研修所（広島市）・高松

研修所（高松市）・福岡研修所（福岡市）・熊本研修所（熊本市）・沖縄研修支所（浦添市））が設けられている（財務省組織令95条3項，財務省組織規則425条・438条）。

V 国税不服審判所

「国税不服審判所」とは，国税に関する法律に基づく処分についての審査請求に対する裁決を行う機関であり，国税庁の特別の機関として位置づけられている（財務省設置法22条，税通78条1項）。ここで「特別の機関」というのは国家行政組織法8条の3（特別の機関）に基づくものだが，国税不服審判所の国税庁の特別の機関としての位置付けについて，国税庁のウェブサイトでは，「執行機関である国税局や税務署から分離された別個の機関として設置されています。」と説明されている。

国税不服審判所には，東京都の本部のほか，全国に12の「支部」（東京国税不服審判所（東京都）・関東信越国税不服審判所（さいたま市）・大阪国税不服審判所（大阪市）・札幌国税不服審判所（札幌市）・仙台国税不服審判所（仙台市）・名古屋国税不服審判所（名古屋市）・金沢国税不服審判所（金沢市）・広島国税不服審判所（広島市）・高松国税不服審判所（高松市）・福岡国税不服審判所（福岡市）・熊本国税不服審判所（熊本市）・国税不服審判所沖縄事務所（那覇市））が設置されている（税通78条3項・5項，国税不服審判所組織規則1条・別表）。また，このうち一部の支部については，支部の「支所」が設けられている（関東信越国税不服審判所長野支所・同新潟支所，東京国税不服審判所横浜支所，名古屋国税不服審判所静岡支所，大阪国税不服審判所京都支所・同神戸支所及び広島国税不服審判所岡山支所の7支所）。

VI 税務署

国税局及び沖縄国税事務所の所掌事務の一部を分掌させるために，全国に524の「税務署」が置かれている（財務省設置法24条，財務省組織規則544条・557条・別表第9・第10）。

税務署は，国税局の所掌事務のうち次に掲げる事務を分掌している（財務省

組織規則545条各号・558条各号)。
① 内国税の賦課及び徴収に関すること。
② 税理士制度の運営に関すること。
③ 酒税の保全並びに酒類業の発達,改善及び調整に関すること(酒税の保全並びに酒類業の発達,改善及び調整に関する制度の企画及び立案を除く。)。
④ 酒類に係る資源の有効な利用の確保に関すること。
⑤ 印紙の模造の取締りを行うこと。
⑥ 税務署の所掌事務に係る国際協力に関すること。
⑦ ①から⑥までのほか,法律(法律に基づく命令を含む。)に基づき,税務署に属させられた事務

　税務署には,原則として,総務課,税務広報広聴官,(特別・統括)国税徴収官,(特別・統括)国税調査官及び酒類指導官が置かれている(財務省組織規則547条1項・560条1項。それぞれの所掌事務等については,同548条〜556条,561条〜569条)[74]。

Ⅶ　納税者支援調整官

　国税局及び沖縄国税事務所には,命を受けて税務一般に関する納税者からの苦情に関する事務のうち当該納税者が適正かつ円滑に納税義務を履行するために必要な助言及び教示並びに調整に関する事務を処理することを任務とする「納税者支援調整官」が置かれている(財務省組織規則466条の2,536条の2)。
　納税者支援調整官は,各国税局及び主要税務署に派遣配置されている。

---

[74] ただし,税務広報広聴官又は統括国税徴収官を置かない税務署では総務課がその事務を担当し,酒類指導官を置かない税務署ではその事務を統括国税調査官が分掌する(財務省組織規則547条2項〜5項)。

第9節　補論～引用文献等の表記方法

　本書の最後に，本節では補論として，論文などを執筆する際に従うべき引用文献等を表記する場合のルールを概説しておく。

　法律文献等の引用方法については，法律編集者懇話会『法律文献等の出典の表示方法［2014年版］』（法教育支援センター・2014）（以下「法律文献等」という。）[75]にスタンダードなルールが掲載されている。そこで以下では，法律文献等で示されているルールを参考にしながら，著者が一般的であると考える引用方法を紹介する。

I　文献の引用方法
1　雑誌論文
(1)　総説

　雑誌論文は，

執筆者名「論文名」雑誌名〇巻〇号（発行年）〇頁

と表記する。

　論文名のサブタイトルは，表記することが望ましい。論文の特集題を表示するときは，末尾に（　）に入れて表記する。

　判例評釈（批評）については，論文名を「判批」と略する（略さずに，原典通りのタイトルを表記してもよい。）。

　雑誌名は，（後掲の）略称を用いることができる。

　発行年は表記することが望ましいが，巻号を表記していれば特定できるので省略してもよいという考え方もある。発行年の表記は西暦，和暦を問わない。発行年を最後（〇頁の後）に表記してもよい。

　座談会等については，

出席者ほか「テーマ」雑誌名（書名）〇巻〇号（発行年）〇頁〔〇〇発言〕

---

[75] この冊子は，法教育支援センターのウェブサイト（http://www.houkyouikushien.or.jp/）からダウンロードすることができる。

と表記する。

> 例
> ・青木丈「国税不服審査制度の改正の方向性―20年法案からの修正事項を中心として」税弘61巻9号（2013）128頁以下。
> ・青木丈「民間税制調査会による税制改革提言のポイント（特集 現代日本の税制度と税の持つ意味を考える）」生活協同組合研究485号（2016）29頁以下。
> ・志賀櫻「判批」租税訴訟7号（2014）115頁以下。
> 又は
> ・志賀櫻「大島訴訟再考」租税訴訟7号（2014）115頁以下。
> ・青木丈ほか「税理士事務所のマイナンバー対応（第3回）―個人番号の取得から廃棄まで」税理58巻11号（2015）146頁〔鈴木発言〕。

(2) 定期刊行物の略称

専門雑誌等の定期刊行物については，以下に掲げる略称を用いてもよい。ただし，以下の略称を用いる場合には，例えば略称と完全誌名の対照表を付すなどの工夫を施すことが望ましい。

① 専門雑誌の略称

略称	誌名（発行所等，発行回数）
AIPPI	A.I.P.P.I.（国際工業所有権保護協会日本支部，月1）
L＆T	Law＆Technology（民事法研究会，年4）
NBL	NBL（商事法務，月2）
米法	アメリカ法（日米法学会；東京大学出版会，年2）
A2Z	会社法務A2Z（第一法規，月1）
家族	家族（社会と法）（日本家族（社会と法）学会；日本加除出版，年1）
季教	季刊教育法（エイデル研究所，年4）
刑弁	季刊刑事弁護（現代人文社，年4）

略称	誌名（発行所等，発行回数）
季労	季刊労働法（総合労働研究所，年4）
企会	企業会計（中央経済社，月1）
銀法	銀行法務21（経済法令研究会，月1）
金融判研	金融判例研究（金融法学会；金融財政事情研究会，年1）
金融法	金融法研究（金融法学会；金融財政事情研究会，年1）
警論	警察学論集（警察大学校・立花書房，月1）
警研	警察研究（良書普及会，月1）
刑ジャ	刑事法ジャーナル（成文堂，年4）
刑法	刑法雑誌（日本刑法学会；有斐閣，年4）
監査	月刊監査役（日本監査役協会，月1）
戸籍	月刊戸籍（テイハン，月1）
現刑	現代刑事法（現代法律出版，月1）
公取	公正取引（公正取引協会，月1）
交通	交通法研究（日本交通法学会；有斐閣，年1）
公法	公法研究（日本公法学会；有斐閣，年1）
際商	国際商事法務（国際商事法研究所，月1）
国際	国際法外交雑誌（国際法学会；有斐閣，年6）
戸時	戸籍時報（日本加除出版，月1）
コピ	コピライト（著作権情報センター，月1）
債管	事業再生と債権管理（金融財政事情研究会，年4，平15「季刊債権管理」を改題）
自研	自治研究（第一法規，月1）
司研	司法研修所論集（最高裁判所司法研修所，年2）
リマークス	私法判例リマークス（法律時報別冊年2）
自保	自保ジャーナル（自動車保険ジャーナル，月2）
金財	週刊金融財政事情（金融財政事情研究会，週1）
自正	自由と正義（日本弁護士連合会，月1）
重判解	重要判例解説（ジュリスト臨時増刊，年1，昭48（昭41・42度），昭43（昭43度）～）
シュト	シュトイエル（税法研究所，月1）

略称	誌名（発行所等，発行回数）
主判解	主要民事判例解説（判例タイムズ臨時増刊，年1，昭63（昭62度）～，平19から別冊判例タイムズ）
ジュリ	ジュリスト（有斐閣，月1）
商事	旬刊商事法務（商事法務研究会，月3）
訟月	訟務月報（法務省訟務局，月1）
書研	書研所報（裁判所書記官研修所，年1）
資料商事	資料版商事法務（商事法務，月1）
信研	信託法研究（信託法学会，年1）
税弘	税務弘報（中央経済社，月1）
税法	税法学（日本税法学会，月1）
租税	租税法研究（租税法学会；有斐閣，年1）
損保	損害保険研究（損害保険事業総合研究所，年4）
知管	知財管理（日本知的財産協会，月1）
中労時	中央労働時報（労委協会，月1）
調研	調研紀要（最高裁判所家庭裁判所調査官研修所，年2）
著研	著作権研究（著作権法学会；有斐閣，年1）
登記イン	登記インターネット（民事法情報センター，月1）
登研	登記研究（テイハン，月1）
登情	登記情報（金融財政事情研究会，月1）
時法	時の法令（国立印刷局，月2）
特許	特許管理（日本特許協会，月1）
特研	特許研究（工業所有権情報・研修館特許研究室，月1）
二弁	二弁フロンティア（第二東京弁護士会，月1）
国経法	日本国際経済法学会年報（日本国際経済法学会；法律文化社，年1）
労研	日本労働研究雑誌（日本労働研究機構，月1）
労働	日本労働法学会誌（日本労働法学会；法律文化社，年2）
パテ	パテント（弁理士会，月1）
判評	判例評論（判例時報付録，判例時報社，月1（当初年4））
セレクト	判例セレクト（法学教室付録，年1）
比較	比較法研究（日本比較法学会；有斐閣，年1）
鑑定	不動産鑑定（住宅新報社，月1）

略称	誌名（発行所等，発行回数）
法教	法学教室（有斐閣，月1）
法セ	法学セミナー（日本評論社，月1）
曹時	法曹時報（法曹会，月1）
法時	法律時報（日本評論社，月1）
ひろば	法律のひろば（ぎょうせい，月1）
法資	法令解説資料総覧（第一法規，月1）
民研	みんけん（民事研修・誌友会，月1）
民月	民事月報（法務省民事局，月1）
民主解	民事主要判例解説（判例タイムズ臨時増刊，年1）
民訴	民事訴訟雑誌（民事訴訟法学会；法律文化社，年1）
民情	民事法情報（民事法情報センター，月1）
民商	民商法雑誌（有斐閣，月1）
レファ	レファレンス（国立国会図書館調査立法考査局，月1）
労旬	労働法律旬報（旬報社，月2）
論究ジュリ	論究ジュリスト（有斐閣，年4）

（出典）法律文献等28〜30頁を基に作成。

② 大学の紀要の略称

略称	誌名（発行大学，発行回数）
愛学	愛知学院大学論叢法学研究（愛知学院大学法学会，年4）
愛大	愛知大学法学部法経論集（愛知大学法学会，年3）
青法	青山法学論集（青山学院大学法学会，年4）
朝日	朝日法学論集（朝日大学法学会，年2）
亜大	亜細亜法学（亜細亜大学法学研究所，年2）
愛媛	愛媛法学会雑誌（愛媛大学法学会，年4）
阪経法	大阪経済法科大学論集（大阪経済法科大学法学会，年3）
法雑	大阪市立大学法学雑誌（大阪市立大学法学会，年4）
岡法	岡山大学法学会雑誌（岡山大学法学会，年4）
沖大	沖大法学（沖縄大学法学会，年1）

略称	誌名（発行大学，発行回数）
沖国	沖縄法学（沖縄国際大学法学会，年2）
香川	香川法学（香川大学法学会，年4）
学習院	学習院大学法学会雑誌（学習院大学法学会，年2）
神奈川	神奈川法学（神奈川大学法学会，年3）
金沢	金沢法学（金沢大学法学部，年2）
関東学院	関東学院法学（関東学院大学法学会，年4）
関東学園	関東学園大学法学紀要（関東学院大学法学部，年2）
北九州	北九州大学法政論集（北九州大学法学会，年4）
九国	九州国際大学法学論集（九州国際大学法学会，年4）
福島	行政社会論集（福島大学行政社会学会，年4）
京園	京都学園法学（京都学園大学法学会，年1）
近法	近畿大学法学（近畿大学法学会，年4）
熊法	熊本法学（熊本大学法学会，年4）
久留米	久留米大学法学（久留米大学法学会，年4）
神院	神戸学院法学（神戸学院大学法学会，年4）
神戸	神戸法学雑誌（神戸法学会，年4）
甲法	甲南法学（甲南大学法学会，年4）
国学院	國學院法学（國學院大学法学会，年4）
国士舘	國士舘法学（國士舘大学法学会，年1）
国家	国家学会雑誌（国家学会事務所，年6）
札院	札幌学院法学（札幌学院大学法学会，年2）
札大	札幌法学（札幌大学法学会，年2）
産法	産大法学（京都産業大学法学会，年4）
静法	静岡大学法政研究（静岡大学法経学会，年4）
島法	島大法学（島根大学法文学部法学科，年4）
東社	社会科学研究（東京大学社会科学研究所，年6）
修道	修道法学（広島修道大学法学会，年2）
上法	上智法学論集（上智大学法学会，年3）
駿河台	駿河台法学（駿河台大学法学会，年2）
成蹊	成蹊法学（成蹊大学法学会，年2）
成城	成城法学（成城大学法学会，年4）

略称	誌名（発行大学，発行回数）
西南	西南学院大学法学論集（西南学院大学学術研究所，年4）
清和	清和法学研究（清和大学法学会，年2）
摂南	摂南法学（摂南大学法学部，年2）
専法	専修法学論集（専修大学法学会，年3）
創法	創価法学（創価大学法学会，年4）
大東	大東法学（大東文化大学法政学会，年1）
高岡	高岡法学（高岡法科大学，年2）
拓論	拓殖大学論集（拓殖大学研究所，年2）
千葉	千葉大学法学論集（千葉大学法学会，年4）
中央学院	中央学院大学法学論叢（中央学院大学法学部，年2）
中京	中京法学（中京大学法学会，年4）
筑波	筑波法政（筑波大学社会科学系〔法学・政治学〕，年1）
帝京	帝京法学（帝京大学法学会，年2）
東亜	東亜法学論叢（東亜大学法学部，年1）
桐蔭	桐蔭法学（桐蔭法学会，年2）
東海	東海法学（東海大学法学部，年2）
同法	同志社法学（同志社法学会，年6）
東北学院	東北学院大学論集（東北学院大学学術研究会，年2）
洋法	東洋法学（東洋大学法学会，年2）
独協	獨協法学（獨協法学会，年2）
名法	名古屋大学法政論集（名古屋大学法学部，年4）
奈良産	奈良法学会雑誌（奈良産業大学法学会，年4）
南山	南山法学（南山大学法学会，年4）
日法	日本法学（日本大学法学会，年4）
白鴎	白鴎法学（白鴎大学法学部，年2）
阪法	阪大法学（大阪大学法学部，年4）
一法	一橋大学研究年報法学研究（一橋大学研究年報編集委員会，年1）
姫路	姫路法学（姫路獨協大学法学部，年3）
広法	広島法学（広島大学法学会，年4）
福岡	福岡大学法学論叢（福岡大学総合研究所，年4）
福山平成	平成法学（福山平成大学，年1）

略称	誌名（発行大学，発行回数）
法学	法学（東北大学法学会，年6）
法協	法学協会雑誌（法学協会事務所，月1）
法研	法学研究（慶應義塾大学法学研究会，月1）
志林	法学志林（法政大学法学志林協会，年4）
新報	法学新報（中央大学法学会，月1）
鹿法	法学論集（鹿児島大学法学部，年2）
関法	法学論集（関西大学法学会，年6）
駒論	法学論集（駒澤大学法学部，年2）
論叢	法学論叢（京都大学法学部，年6）
法政	法政研究（九州大学法政学会，年4）
新潟	法政理論（新潟大学法学会，年3）
関学	法と政治（関西学院大学法政学会，年4）
法論	法律論叢（明治大学法律研究所，年6）
北法	北大法学論集（北海道大学法学部，年4）
北陸	北陸大学（北陸大学法学会，年3）
北園	北海学園大学法学研究（北海学園大学法学会，年3）
松山	松山大学論集（松山大学学術研究会，年6）
宮崎産	宮崎産業経営大学法学論集（宮崎産業経営大学法学会，年2）
名経	名経法学（名古屋経済大学市邨学園短大法学会）
明学	明治学院論叢法学研究（明治学院大学法学会，年3）
名城	名城法学（名城大学法学会，年4）
山院	山梨学院大学法学論集（山梨学院大学法学研究会，年2）
横国	横浜国際経済法学（横浜国立大学大学院国際経済法学研究科）
立教	立教法学（立教大学法学会，年1）
立正	立正法学論集（立正大学法学会，年4）
立命	立命館法学（立命館大学法学会，年6）
龍谷	龍谷法学（龍谷大学法学会，年4）
琉法	琉大法学（琉球大学法文学部，年1）
早法	早稲田法学（早稲田大学法学会，年4）

（出典）法律文献等31～34頁を基に作成。

2　単行本

(1)　単著の場合

単独著書の場合は,

執筆者名『書名』（発行所，版表示，発行年）○頁

と表記する。

書名は,「　」ではなく『　』で括る。

版表示（「新版」や「新訂」など）が書名に表記されている場合（〔　〕などで版数が表記されていない場合）には書名の一部として表記し，書名に表記されていない場合には（　）内に表記する。

○頁は，書名のすぐ後に表記してもよい。

例

・金子宏『租税法』（弘文堂，第22版，2017）74頁。
・芦部信喜（高橋和之補訂）『憲法　第六版』（岩波書店，2015）5頁。

---

(2)　共著書の場合

共著書の場合は,

共著者名『書名』〔執筆者名〕（発行所，版表示，発行年）○頁

と表記する。

共著者名は,「＝」か「・」で結ぶ。

共著者が3名以上いる場合には，1名のみ表記し，それ以外の共著者は「ほか」と表記する。

執筆者名は，必要に応じて表記する。

> 例
> ・青木丈＝荒木哲郎『税理士事務所の個人情報保護・マイナンバー対応マニュアル』（ぎょうせい，2017）117頁。
> ・橋本博之ほか『新しい行政不服審査制度』〔青木丈〕（弘文堂，2014）245頁。

(3) 編著書の場合

編著書の場合は，

執筆者名「論文名」編（著）者名『書名』（発行所，版表示，発行年）○頁

と表記する。

> 例
> ・酒井克彦「民法の変容と租税法の対応－公益法人制度改革を中心として」本庄資編『関連法領域の変容と租税法の対応』（財経詳報社，2008）82頁。
> ・荒井勇ほか編『国税通則法精解』（大蔵財務協会，平成28年改訂，2016）1288頁。

(4) 翻訳書の場合

翻訳書の場合は，

原著者名（訳者名）『書名』（発行所，版表示，発行年）○頁

と表記する。

> 例
> ・トマ・ピケティ著（山形浩生ほか訳）『21世紀の資本』（みすず書房，2014）326頁。

3　前掲文献の表記方法

前掲（又は前出）の場合は，雑誌論文及び単行本ともに初出の注番号を付して，

　　執筆（著）者名・前掲注○）○頁

と表記する。

> **例**
> ・注1）金子宏『租税法』（弘文堂，第22版，2017）74頁
> ⇒・注5）金子・前掲注1）84頁。

Ⅱ　判例の引用方法

1　総説

判例は，

　　　　　　（判決 or 決定）
　　○○判（決）平成○年○月○日判例集等略称○巻○号○頁
　　（裁判所の略称）

と表記する。

最高裁の大法廷判決については「最大判」と表記し，小法廷判決については「最判」（小法廷を「最○小判」と表記してもよい。）と表記する。

判例集等の略称については，後掲の一覧を参照されたい。

> 例
> ・最大判昭和60年3月27日民集39巻2号247頁
>   ︸
>   「最高裁判所大法廷判決」の略
>
> ・最三決昭和48年7月10日刑集27巻7号1205頁
>   ︸
>   「最高裁判所第三小法廷決定」の略。小法廷決定なので「最決」としてもよい。
>
> ・東京高判平成7年11月28日行集46巻10＝11号1046頁
> ・福岡地判昭和55年6月5日訟月26巻9号1572頁

2 判例集等の略称

略称	判例集等名（発行所，発行年）
1 大審院時代の判例集等	
（1）公的刊行物	
行録	行政裁判所判決録（行政裁判所，東京法学院，中央大学帝国地方行政学会，最高裁判所，明23（1輯）～昭22（58輯））
刑抄録	大審院刑事判決抄録（大審院，明24（1巻）～大10（93巻））
刑録	大審院刑事判決録（司法省，明8～明17，明19～20，明24～明28）
刑録	大審院刑事判決録（東京法学院，中央大学，明28（1輯）～大10（27輯））
刑集	大審院刑事判例集（大審院判例審査会，法曹会，大11（1巻）～昭22（26巻））
民抄録	大審院民事判決抄録（大審院，明31（1巻）～大10（93巻））
民録	大審院民事判決録（司法省，明8～明20，明24～明28）
民録	大審院民事判決録（東京法学院，中央大学，明28（1輯）～大10（27輯））
民集	大審院民事判例集（大審院判例審査会，法曹会，大11（1巻）～昭21（25巻））

略称	判例集等名（発行所，発行年）
朝高録	朝鮮高等法院判決録（高等法院書記課，司法協会，大3（1巻）～昭18（30巻））
(2) 私的刊行物	
裁判例	大審院裁判例（法律新聞別冊）（法律新聞社，大14（1巻）～昭12（11巻））
判決全集	大審院判決全集（法律新報付録）（法律新報社，昭9（1輯）～昭17（9輯））
法学	法学（東北大学法学会誌）（東北大学，岩波書店，昭7（1巻）～昭19（13巻1号））
評論全集	法律〔学説判例〕評論全集（法律評論社，明45（1巻）～昭19（32巻））
新聞	法律新聞（法律新聞社，明33（1号）～昭19（4922号））
2　最高裁判所時代の判例集等	
(1) 公的刊行物	
下刑	下級裁判所刑事裁判例集（法曹会，昭34（1巻）～昭43（10巻））
下民	下級裁判所民事裁判例集（法曹会，昭25（1巻）～昭62（35巻5‐8号））
家月	家庭裁判月報（昭24（1号）～）
行月	行政裁判月報（昭23（1号）～昭24（24号・追録））
行集	行政事件裁判例集（法曹会，昭25（1巻）～平9（48巻11・12号））
刑月	刑事裁判月報（法曹会，昭44（1巻）～昭62（18巻5‐6号））
刑資	刑事裁判資料
交通下民	交通事故による不法行為に関する下級裁判所民事裁判例集（法曹会，昭36度，昭38度）
高刑特	高等裁判所刑事裁判特報（昭29（1巻）～昭33（5巻））
判特	高等裁判所刑事判決特報（昭24（1号）～昭29（40号））
高刑速	高等裁判所刑事判決速報集（法曹会昭56～）
高刑	高等裁判所刑事裁判例集（判例調査会，昭23（1巻）～）
高地簡特	高等裁判所・地方裁判所・簡易裁判所民事裁判特報（昭24）
高民	高等裁判所民事裁判例集（判例調査会，昭23（1巻）～）
刑集	最高裁判所刑事裁判例集（判例調査会，昭22（1巻）～）
裁判集刑	最高裁判所裁判集刑事（裁判所の部内資料，昭22（1号）～）
最刑要旨	最高裁判所裁判集（刑事）要旨集
最高刑要旨	最高裁判所・高等裁判所刑事判例要旨集（1～9）
最高民要旨	最高裁判所・高等裁判所民事判例要旨集（1～9）

略称	判例集等名(発行所,発行年)
裁判集民	最高裁判所裁判集民事(裁判所の部内資料,昭22(1号)〜)
最民要旨	最高裁判所裁判集(民事)要旨集民法編(上)(下),商法・民事訴訟法編(上・下),民事関連法編(上)(下),行政法編(上)(下),社会経済法編(上)(下)
民集	最高裁判所民事判例集(判例調査会,昭22(1巻)〜)
裁時	裁判所時報(法曹会,最高裁事務総局編,昭23(1号)〜)
一審刑集	第一審刑事裁判例集(昭33(1巻))
知財集	知的財産権関係民事・行政裁判例集(法曹会,平3(23巻)〜平10(30巻))
登記先例	登記関係先例集(テイハン,昭30(上,下,追加編I〜VIII)〜)
東高刑時報	東京高等裁判所判決時報(刑事)(昭26〜昭28(1-3巻))
東高刑特	東京高等裁判所判決特報(刑事)(昭22(1号)〜昭25(28号))
東高時報	東京高等裁判所判決時報(法曹会,昭28(4巻)〜)
不法下民	不法行為に関する下級裁判所民事裁判例集(法曹会,昭31〜昭32)
民資	民事裁判資料
無体集	無体財産関係民事・行政裁判例集(法曹会,昭44(1巻)〜平2(22巻))
労刑決	労働関係刑事事件判決集(法曹会,第1輯(刑事裁判資料10号)〜)
労裁資	労働関係民事行政裁判資料(昭23(1号)〜昭25(8号))
労民	労働関係民事裁判例集(法曹会,昭25(1巻)〜平9(48巻5・6号))
労裁集	労働関係民事事件裁判集(法曹会,昭24(1号)〜昭25(7号))
(2)その他の官庁刊行物	
審決集	公正取引委員会審決集(公正取引協会,昭25(一)〜)
排命集	公正取引委員会排除命令集(公正取引委員会部内資料,昭37〜)
高検速報	高等裁判所刑事裁判速報(各高等検察庁作成の部内資料)
国税例集	国税徴収関係判例集(国税庁,昭24〜)
取消集	審決取消訴訟判決集(特許庁,昭和23〜)
訟月	訟務月報(法務省訟務局,昭30(1巻)〜)
推計裁集	推計の合理性に関する裁判例集成(法務省訟務局(昭25〜昭53))
税資	税務訴訟資料(国税庁,昭22〜)
直税要集	直接国税課税判決要旨集(国税庁直接税部,4冊(昭22〜昭60))
命令集	不当労働行為事件命令集(中央労働委員会,昭24〜)

略称	判例集等名（発行所，発行年）
民月	民事月報（法務省民事局，昭19〜）
（3）私的刊行物	
金判	金融・商事判例（経済法令研究会，月2）
金法	金融法務事情（金融財政事情研究会，月2，平22「旬刊金融法務事情」から改題）
交民	交通事故民事裁判例集（ぎょうせい，昭43（1巻1号）〜）
判時	判例時報（判例時報社，月3）
判タ	判例タイムズ（判例タイムズ社，月1）
判自	判例地方自治（ぎょうせい，月1）
新聞	法律新聞（新法律新聞社，昭31（1号）〜昭33（112号））；週刊法律新聞（法律新聞社，昭41（1号）〜）
労経速	労働経済判例速報（日本経営者団体連盟，月3）
労判	労働判例（産業労働調査所，月2）

（出典）法律文献等24〜27頁を基に作成。

Ⅲ 法令の引用方法

1 総説

　法令名，条文等を論文などの本文中で引用する方法は，第3章第3節（67頁以下）で解説した法令中の用例に従えばよい（例えば，「所得税法2条1項1号」と表記し，長い題名の法令の場合は略称を用いる。）。

　また，論文などでは，文章の後に括弧「（　）」を付して根拠条文を表記することがよくある。この場合，極端に短い略語が用いられることが多い。法令名の略語は論文掲載誌や書籍を刊行する出版社などによってルールが異なるが，本書では原則として有斐閣の略語例に従っている。有斐閣の法令名略語一覧は，同社の『六法全書』や『ポケット六法』の巻末に掲載され，同社のウェブサイト上でも公開されている。

　例えば，本書では所得税法2条1項1号を括弧内で「（所税2条1項1号）」と表記している（施行令は「所税令」，施行規則は「所税則」となる。）。この場合，特に枝番号の条文を表記する際には項番号の前に「第」を付ける（例え

ば「(所税6条の2第1項)」)。

他の例では「(所法2①一)」というような表記(項番号を丸囲み数字で,号名を漢数字で表記。施行令は「所令」,施行規則は「所則」となる。)もよく見かけるが,いずれにしても,論文などを執筆する際は,括弧内で表記する法令名略語のルールをあらかじめ定めておくべきである。

2 法令名等の略称

以下に掲げる略称一覧は,有斐閣の法令名略語一覧を基にしている。法律文献等15~24頁にも「法令名の略語」が掲載されているが,そこでは例えば「所得税法」が「所得税」とされており,有斐閣の「所税」との略語の方が一般的であると考えるからである。

略称	法令等名
あ	
ILO100号	同一価値の労働についての男女労働者に対する同一報酬に関する条約(第百号)
ILO102号	社会保障の最低基準に関する条約(第百二号)
ILO98号	団結権及び団体交渉権についての原則の適用に関する条約(第九十八号)
ILO87号	結社の自由及び団結権の保護に関する条約(第八十七号)
空家対策推進	空家等対策の推進に関する特別措置法
悪臭	悪臭防止法
あっせん利得	公職にある者等のあっせん行為による利得等の処罰に関する法律
あへん	あへん法
安保会議	国家安全保障会議設置法
安保協定	日本国とアメリカ合衆国との間の相互協力及び安全保障条約第六条に基づく施設及び区域並びに日本国における合衆国軍隊の地位に関する協定
安保約	日本国とアメリカ合衆国との間の相互協力及び安全保障条約
い	
育介	育児休業,介護休業等育児又は家族介護を行う労働者の福祉に関する法律

略称	法令等名
育介則	育児休業，介護休業等育児又は家族介護を行う労働者の福祉に関する法律施行規則
意見聴取規	公正取引委員会の意見聴取に関する規則
遺言準拠法	遺言の方式の準拠法に関する法律
医師	医師法
遺失	遺失物法
意匠	意匠法
意匠登	意匠登録令
意匠登録協定	意匠の国際登録に関するハーグ協定のジュネーブ改正協定
意匠令	意匠法施行令
石綿被害救済	石綿による健康被害の救済に関する法律
いじめ防止	いじめ防止対策推進法
一括清算	金融機関等が行う特定金融取引の一括清算に関する法律
一般法人	一般社団法人及び一般財団法人に関する法律
一般法人則	一般社団法人及び一般財団法人に関する法律施行規則
一般法人登則	一般社団法人等登記規則
委任状	上場株式の議決権の代理行使の勧誘に関する内閣府令
医薬	医薬品，医療機器等の品質，有効性及び安全性の確保等に関する法律
医療	医療法
印紙模造	印紙等模造取締法
印税	印紙税法
印犯	印紙犯罪処罰法
え	
衛星打上管理	人工衛星等の打上げ及び人工衛星の管理に関する法律
衛星記録	衛星リモートセンシング記録の適正な取扱いの確保に関する法律
エネ合理化	エネルギーの使用の合理化等に関する法律
煙禁	未成年者喫煙禁止法
お	
オゾン保護	特定物質の規制等によるオゾン層の保護に関する法律
恩給	恩給法

略称	法令等名
恩赦	恩赦法
恩赦則	恩赦法施行規則
か	
河	河川法
外貨偽	外国ニ於テ流通スル貨幣紙幣銀行券証券偽造変造及模造ニ関スル法律
海岸	海岸法
会計	会計法
会計原則	企業会計原則
会計原則注	企業会計原則注解
会計士	公認会計士法
会検	会計検査院法
会検審	会計検査院審査規則
会更	会社更生法
会更規	会社更生規則
会更則	会社更生法施行規則
海航不法約	海洋航行の安全に対する不法な行為の防止に関する条約
外交約	外交関係に関するウィーン条約
外国居住者非課税	外国居住者等の所得に対する相互主義による所得税等の非課税等に関する法律
外国裁判権	外国等に対する我が国の民事裁判権に関する法律
外国人技能実習	外国人の技能実習の適正な実施及び技能実習生の保護に関する法律
外国倒産	外国倒産処理手続の承認援助に関する法律
外国倒産規	外国倒産処理手続の承認援助に関する規則
外事弁護	外国弁護士による法律事務の取扱いに関する特別措置法
会社	会社法
会社計算	会社計算規則
会社則	会社法施行規則
会社非訟規	会社非訟事件等手続規則
会社法整備法	会社法の施行に伴う関係法律の整備等に関する法律

略称	法令等名
会社令	会社法施行令
海上衝突	海上衝突予防法
開錠用具	特殊開錠用具の所持の禁止等に関する法律
外人土地	外国人土地法
外為令	外国為替令
外為法	外国為替及び外国貿易法
確定給付	確定給付企業年金法
海難審判	海難審判法
海保	海上保安庁法
介保	介護保険法
外法夫婦登	外国法人の登記及び夫婦財産契約の登記に関する法律
海洋汚染	海洋汚染等及び海上災害の防止に関する法律
海洋法約	海洋法に関する国際連合条約
海洋法約実施協定	千九百八十二年十二月十日の海洋法に関する国際連合条約第十一部の実施に関する協定
火炎びん	火炎びんの使用等の処罰に関する法律
化学物質規制	化学物質の審査及び製造等の規制に関する法律
化学物質排出	特定化学物質の環境への排出量の把握等及び管理の改善の促進に関する法律
核規制	核原料物質，核燃料物質及び原子炉の規制に関する法律
覚せい剤	覚せい剤取締法
確定拠出	確定拠出年金法
核不拡散約	核兵器の不拡散に関する条約
家事	家事事件手続法
下事規	下級裁判所事務処理規則
家事規	家事事件手続規則
貸金業	貸金業法
ガス	ガス事業法
学教	学校教育法
ガット	関税及び貿易に関する一般協定
割賦	割賦販売法

略称	法令等名
割賦令	割賦販売法施行令
家庭用品	家庭用品品質表示法
貨幣損傷	貨幣損傷等取締法
貨物利運	貨物利用運送事業法
貨物自運	貨物自動車運送事業法
火薬	火薬類取締法
仮登記担保	仮登記担保契約に関する法律
家労	家内労働法
過労死	過労死等防止対策推進法
環境影響評価	環境影響評価法
環境基	環境基本法
関税	関税法
感染症	感染症の予防及び感染症の患者に対する医療に関する法律
幹線道整備	幹線道路の沿道の整備に関する法律
鑑定評価	不動産の鑑定評価に関する法律
関与訴訟規	普通地方公共団体に対する国の関与等に関する訴訟規則
き	
議院証言	議院における証人の宣誓及び証言等に関する法律
企業開示	企業内容等の開示に関する内閣府令
企業結合届出規	私的独占の禁止及び公正取引の確保に関する法律第九条から第十六条までの規定による認可の申請，報告及び届出等に関する規則
企業担保	企業担保法
技術民間移転	大学等における技術に関する研究成果の民間事業者への移転の促進に関する法律
偽造カード	偽造カード等及び盗難カード等を用いて行われる不正な機械式預貯金払戻し等からの預貯金者の保護等に関する法律
切手模造	郵便切手類模造等取締法
義務教育機会	義務教育の段階における普通教育に相当する教育の機会の確保等に関する法律
旧刑	旧刑法
急傾斜地災害	急傾斜地の崩壊による災害の防止に関する法律
旧借地	借地法

略称	法令等名
旧借家	借家法
求職者支援	職業訓練の実施等による特定求職者の就職の支援に関する法律
旧建物保護	建物保護ニ関スル法律
休眠預金	民間公益活動を促進するための休眠預金等に係る資金の活用に関する法律
給与法	一般職の職員の給与に関する法律
協定年金特	社会保障協定の実施に伴う厚生年金保険法等の特例等に関する法律
供	供託法
教育行政	地方教育行政の組織及び運営に関する法律
教育中立	義務教育諸学校における教育の政治的中立の確保に関する臨時措置法
教基	教育基本法
教公特	教育公務員特例法
行執労	行政執行法人の労働関係に関する法律
行書	行政書士法
共助	外国裁判所ノ嘱託ニ因ル共助法
教職免許	教育職員免許法
行審	行政不服審査法
行審令	行政不服審査法施行令
行政休日	行政機関の休日に関する法律
行政個人情報	行政機関の保有する個人情報の保護に関する法律
行政情報公開	行政機関の保有する情報の公開に関する法律
行政情報公開令	行政機関の保有する情報の公開に関する法律施行令
行組	国家行政組織法
行訴	行政事件訴訟法
供則	供託規則
行手	行政手続法
行手通信利用	行政手続等における情報通信の技術の利用に関する法律
行手令	行政手続法施行令
漁業	漁業法

略称	法令等名
漁業主権	排他的経済水域における漁業等に関する主権的権利の行使等に関する法律
銀行	銀行法
銀行株式保有	銀行等の株式等の保有の制限等に関する法律
金商	金融商品取引法
金商業	金融商品取引業等に関する内閣府令
金商定義	金融商品取引法第二条に規定する定義に関する内閣府令
金商令	金融商品取引法施行令
金販	金融商品の販売等に関する法律
勤務時間法	一般職の職員の勤務時間，休暇等に関する法律
金融合併	金融機関の合併及び転換に関する法律
金融更生特	金融機関等の更生手続の特例等に関する法律
金利	臨時金利調整法
く	
区画整理	土地区画整理法
国地方協議	国と地方の協議の場に関する法律
け	
警	警察法
刑	刑法
景観	景観法
経済水域	排他的経済水域及び大陸棚に関する法律
刑施	刑法施行法
刑事収容	刑事収容施設及び被収容者等の処遇に関する法律
刑事収容則	刑事施設及び被収容者の処遇に関する規則
刑事懲戒	刑事訴訟法第百九十四条に基く懲戒処分に関する法律
警職	警察官職務執行法
刑訴	刑事訴訟法
刑訴規	刑事訴訟規則
刑訴記録	刑事確定訴訟記録法
刑訴施	刑事訴訟法施行法
刑訴に基づく司警職員規	刑事訴訟法第百八十九条第一項および第百九十九条第二項の規定に基づく司法警察員等の指定に関する規則

略称	法令等名
刑訴費	刑事訴訟費用等に関する法律
携帯本人確認	携帯音声通信事業者による契約者等の本人確認等及び携帯音声通信役務の不正な利用の防止に関する法律
刑特	日本国とアメリカ合衆国との間の相互協力及び安全保障条約第六条に基づく施設及び区域並びに日本国における合衆国軍隊の地位に関する協定の実施に伴う刑事特別法
経罰	経済関係罰則ノ整備ニ関スル法律
軽犯	軽犯罪法
警備	警備業法
景表	不当景品類及び不当表示防止法
刑補	刑事補償法
刑補規	刑事補償規則
計量	計量法
下水道	下水道法
決算調整資金	決算調整資金に関する法律
決闘	決闘罪ニ関スル件
憲	日本国憲法
憲改	日本国憲法の改正手続に関する法律
建基	建築基準法
原基	原子力基本法
原規委	原子力規制委員会設置法
元号	元号法
原災対策	原子力災害対策特別措置法
検察	検察庁法
原子力安全約	原子力の安全に関する条約
原子力協定	原子力の平和的利用に関する協力のための日本国政府とアメリカ合衆国政府との間の協定
検審	検察審査会法
建設	建設業法
建築士	建築士法
原賠	原子力損害の賠償に関する法律
原賠補償	原子力損害賠償補償契約に関する法律

略称	法令等名
健保	健康保険法
減免規	課徴金の減免に係る報告及び資料の提出に関する規則
こ	
戸	戸籍法
小	小切手法
航運約	国際航空運送についてのある規則の統一に関する条約
公益信託	公益信託ニ関スル法律
公益通報	公益通報者保護法
公益法人	公益社団法人及び公益財団法人の認定等に関する法律
公開買付	発行者以外の者による株券等の公開買付けの開示に関する内閣府令
公害犯罪	人の健康に係る公害犯罪の処罰に関する法律
公害費	公害防止事業費事業者負担法
公害紛争	公害紛争処理法
公害補償	公害健康被害の補償等に関する法律
鉱業	鉱業法
公共工事	公共工事の入札及び契約の適正化の促進に関する法律
公共サービス改革	競争の導入による公共サービスの改革に関する法律
公共サービス基	公共サービス基本法
工業所有権手続特	工業所有権に関する手続等の特例に関する法律
工業所有権約	千九百年十二月十四日にブラッセルで，千九百十一年六月二日にワシントンで，千九百二十五年十一月六日にヘーグで，千九百三十四年六月二日にロンドンで，千九百五十八年十月三十一日にリスボンで及び千九百六十七年七月十四日にストックホルムで改正された工業所有権の保護に関する千八百八十三年三月二十日のパリ条約
工業標準	工業標準化法
航空	航空法
航空危険	航空の危険を生じさせる行為等の処罰に関する法律
航空強取	航空機の強取等の処罰に関する法律
航空騒音	公共用飛行場周辺における航空機騒音による障害の防止等に関する法律

略称	法令等名
皇経	皇室経済法
後見登記	後見登記等に関する法律
広告	屋外広告物法
公債発行特	財政運営に必要な財源の確保を図るための公債の発行の特例に関する法律
公住	公営住宅法
公証	公証人法
公証則	公証人法施行規則
公水	公有水面埋立法
工水	工業用水法
更生	更生保護法
更生事	更生保護事業法
公選	公職選挙法
公選令	公職選挙法施行令
高速	高速自動車国道法
工抵	工場抵当法
高年	高年齢者等の雇用の安定等に関する法律
厚年	厚生年金保険法
航犯約	航空機内で行なわれた犯罪その他ある種の行為に関する条約
航犯約法	航空機内で行なわれた犯罪その他ある種の行為に関する条約第十三条の規定の実施に関する法律
交付税	地方交付税法
公文書管理	公文書等の管理に関する法律
公文書管理令	公文書等の管理に関する法律施行令
拷問約	拷問及び他の残虐な，非人道的な又は品位を傷つける取扱い又は刑罰に関する条約
小売特措	小売商業調整特別措置法
高齢医療	高齢者の医療の確保に関する法律
高齢基	高齢社会対策基本法
高齢虐待	高齢者虐待の防止，高齢者の養護者に対する支援等に関する法律
高齢居住安定	高齢者の居住の安定確保に関する法律

略称	法令等名
港湾	港湾法
子教育保育	就学前の子どもに関する教育，保育等の総合的な提供の推進に関する法律
雇均	雇用の分野における男女の均等な機会及び待遇の確保等に関する法律
雇均指針	労働者に対する性別を理由とする差別の禁止等に関する規定に定める事項に関し，事業主が適切に対処するための指針
雇均則	雇用の分野における男女の均等な機会及び待遇の確保等に関する法律施行規則
国外犯罪被害	国外犯罪被害弔慰金等の支給に関する法律
国健保	国民健康保険法
国債	国債ニ関スル法律
国財	国有財産法
国際援助隊	国際緊急援助隊の派遣に関する法律
国際海運	国際海上物品運送法
国際裁	国際司法裁判所規程
国際受刑移送	国際受刑者移送法
国際捜査	国際捜査共助等に関する法律
国際売買約	国際物品売買契約に関する国際連合条約
国際平和支援	国際平和共同対処事態に際して我が国が実施する諸外国の軍隊等に対する協力支援活動等に関する法律
国事代行	国事行為の臨時代行に関する法律
国税監察官適用規	国税庁監察官の行う捜査に関する刑事訴訟規則の適用に関する規則
国籍	国籍法
国籍則	国籍法施行規則
国大法人	国立大学法人法
国土利用	国土利用計画法
国年	国民年金法
国賠	国家賠償法
国民保護	武力攻撃事態等における国民の保護のための措置に関する法律
国連憲章	国際連合憲章

略称	法令等名
国連平和維持	国際連合平和維持活動等に対する協力に関する法律
個人情報	個人情報の保護に関する法律
個人情報令	個人情報の保護に関する法律施行令
戸則	戸籍法施行規則
子育て支援	子ども・子育て支援法
雇対	雇用対策法
子奪取	国際的な子の奪取の民事上の側面に関する条約の実施に関する法律
子奪取規	国際的な子の奪取の民事上の側面に関する条約の実施に関する法律による子の返還に関する事件の手続等に関する規則
国会	国会法
国旗国歌	国旗及び国歌に関する法律
国公	国家公務員法
国公委刑事収容則	国家公安委員会関係刑事収容施設及び被収容者等の処遇に関する法律施行規則
国公災	国家公務員災害補償法
国公倫理	国家公務員倫理法
古物	古物営業法
個別労紛	個別労働関係紛争の解決の促進に関する法律
雇保	雇用保険法
さ	
裁	裁判所法
財	財政法
災害基	災害対策基本法
災害減免	災害被害者に対する租税の減免，徴収猶予等に関する法律
災害権利特措	特定非常災害の被害者の権利利益の保全等を図るための特別措置に関する法律
災害復興	大規模災害からの復興に関する法律
災救	災害救助法
裁限	裁判官分限法
債権管理	国の債権の管理等に関する法律
生産緑地	生産緑地法

略称	法令等名
最事規	最高裁判所裁判事務処理規則
裁審	最高裁判所裁判官国民審査法
裁弾	裁判官弾劾法
最賃	最低賃金法
財特	財政法第三条の特例に関する法律
裁判員	裁判員の参加する刑事裁判に関する法律
裁判員規	裁判員の参加する刑事裁判に関する規則
裁判外紛争解決	裁判外紛争解決手続の利用の促進に関する法律
裁判休日	裁判所の休日に関する法律
裁判職員臨措	裁判所職員臨時措置法
裁判迅速化	裁判の迅速化に関する法律
再犯防止	再犯の防止等の推進に関する法律
裁判傍聴規	裁判所傍聴規則
財務規	財務諸表等の用語，様式及び作成方法に関する規則
差別的言動	本邦外出身者に対する不当な差別的言動の解消に向けた取組の推進に関する法律
砂防	砂防法
参規	参議院規則
産業競争力	産業競争力強化法
参与規	参与員規則
し	
司委規	司法委員規則
自衛	自衛隊法
自園	自然公園法
私学	私立学校法
私学助成	私立学校振興助成法
時間外基準	労働基準法第三十六条第一項の協定で定める労働時間の延長の限度等に関する基準
時間改善	労働時間等の設定の改善に関する特別措置法
資金決済	資金決済に関する法律

略称	法令等名
司警職員	司法警察職員等指定応急措置法
資源有効利用	資源の有効な利用の促進に関する法律
資産公開	政治倫理の確立のための国会議員の資産等の公開等に関する法律
資産流動化	資産の流動化に関する法律
司試	司法試験法
司試則	司法試験法施行規則
司修規	司法修習生に関する規則
司書	司法書士法
地震特措	大規模地震対策特別措置法
地震保険	地震保険に関する法律
自税	自動車重量税法
次世代育成	次世代育成支援対策推進法
自然環境	自然環境保全法
下請代金	下請代金支払遅延等防止法
自治	地方自治法
質屋	質屋営業法
市町村合併特	市町村の合併の特例に関する法律
自治令	地方自治法施行令
実演家等保護約	実演家，レコード製作者及び放送機関の保護に関する国際条約
実演レコード約	実演及びレコードに関する世界知的所有権機関条約
失火	失火ノ責任ニ関スル法律
執行官	執行官法
執行官規	執行官規則
児手	児童手当法
自抵	自動車抵当法
児童買春	児童買春，児童ポルノに係る行為等の規制及び処罰並びに児童の保護等に関する法律
児童虐待	児童虐待の防止等に関する法律
自動車運転致死傷	自動車の運転により人を死傷させる行為等の処罰に関する法律

略称	法令等名
児童約	児童の権利に関する条約
自賠	自動車損害賠償保障法
自賠令	自動車損害賠償保障法施行令
児福	児童福祉法
児扶手	児童扶養手当法
自保管	自動車の保管場所の確保等に関する法律
社教	社会教育法
借地借家	借地借家法
借地非訟規	借地非訟事件手続規則
社債株式振替	社債，株式等の振替に関する法律
社審	社会保険審査官及び社会保険審査会法
社福	社会福祉法
車両	道路運送車両法
社労士	社会保険労務士法
衆規	衆議院規則
住居表示	住居表示に関する法律
住宅品質	住宅の品質確保の促進等に関する法律
銃刀所持	銃砲刀剣類所持等取締法
宗法	宗教法人法
住民台帳	住民基本台帳法
収用	土地収用法
重要影響事態	重要影響事態に際して我が国の平和及び安全を確保するための措置に関する法律
酒禁	未成年者飲酒禁止法
祝日	国民の祝日に関する法律
酒税	酒税法
出資取締	出資の受入れ，預り金及び金利等の取締りに関する法律
種苗	種苗法
狩猟	鳥獣の保護及び管理並びに狩猟の適正化に関する法律
循環型社会基	循環型社会形成推進基本法
障害虐待	障害者虐待の防止，障害者の養護者に対する支援等に関する法律

略称	法令等名
商	商法
少	少年法
少院	少年院法
障害基	障害者基本法
障害雇用	障害者の雇用の促進等に関する法律
障害総合支援	障害者の日常生活及び社会生活を総合的に支援するための法律
障害福祉	身体障害者福祉法
浄化槽	浄化槽法
少鑑	少年鑑別所法
障害差別解消	障害を理由とする差別の解消の推進に関する法律
証券取引規制	有価証券の取引等の規制に関する内閣府令
少審規	少年審判規則
消税	消費税法
消税令	消費税法施行令
消税転嫁	消費税の円滑かつ適正な転嫁の確保のための消費税の転嫁を阻害する行為の是正等に関する特別措置法
消組	消防組織法
商則	商法施行規則
商登	商業登記法
商登則	商業登記規則
商取	商品先物取引法
証人給付規	刑事の手続における証人等に対する給付に関する規則
証人被害	証人等の被害についての給付に関する法律
消費安全	消費者安全法
消費基	消費者基本法
消費契約	消費者契約法
消費契約則	消費者契約法施行規則
消費者被害回復	消費者の財産的被害の集団的な回復のための民事の裁判手続の特例に関する法律
消費者被害回復規	消費者の財産的被害の集団的な回復のための民事の裁判手続の特例に関する規則
商標	商標法

略称	法令等名
商標登	商標登録令
消費用品安全	消費生活用製品安全法
商標約	商標法に関するシンガポール条約
商標令	商標法施行令
商品投資	商品投資に係る事業の規制に関する法律
少補	少年の保護事件に係る補償に関する法律
消防	消防法
情報審	情報公開・個人情報保護審査会設置法
条約法約	条約法に関するウィーン条約
職安	職業安定法
食安基	食品安全基本法
食品衛生	食品衛生法
食品表示	食品表示法
食糧	主要食糧の需給及び価格の安定に関する法律
女子差別撤廃約	女子に対するあらゆる形態の差別の撤廃に関する条約
所税	所得税法
女性活躍	女性の職業生活における活躍の推進に関する法律
女性深夜業指針	深夜業に従事する女性労働者の就業環境等の整備に関する指針
女性則	女性労働基準規則
所税令	所得税法施行令
書面保存	民間事業者等が行う書面の保存等における情報通信の技術の利用に関する法律
新案	実用新案法
新案登	実用新案登録令
新案令	実用新案法施行令
新幹線妨害	新幹線鉄道における列車運行の安全を妨げる行為の処罰に関する特例法
人権A規約	経済的、社会的及び文化的権利に関する国際規約
人権規約宣言	経済的、社会的及び文化的権利に関する国際規約及び市民的及び政治的権利に関する国際規約の署名の際に日本国政府が行つた宣言

略称	法令等名
人権宣言	世界人権宣言
人権B規約	市民的及び政治的権利に関する国際規約
人権擁護	人権擁護委員法
審査規	公正取引委員会の審査に関する規則
人事交流	国と民間企業との間の人事交流に関する法律
人種差別撤廃約	あらゆる形態の人種差別の撤廃に関する国際条約
心神喪失処遇	心神喪失等の状態で重大な他害行為を行った者の医療及び観察等に関する法律
心神喪失処遇規	心神喪失等の状態で重大な他害行為を行った者の医療及び観察等に関する法律による審判の手続等に関する規則
浸水被害	特定都市河川浸水被害対策法
人訴	人事訴訟法
人訴規	人事訴訟規則
信託	信託法
信託業	信託業法
振動規制	振動規制法
じん肺	じん肺法
人保	人身保護法
人保規	人身保護規則
森林	森林法
す	
水銀汚染	水銀による環境の汚染の防止に関する法律
水産資源	水産資源保護法
水質汚濁	水質汚濁防止法
水道	水道法
水防	水防法
ストーカー	ストーカー行為等の規制等に関する法律
せ	
生活困窮支援	生活困窮者自立支援法
生活センター	独立行政法人国民生活センター法

略称	法令等名
生活保護	生活保護法
請願	請願法
生協	消費生活協同組合法
政策評価	行政機関が行う政策の評価に関する法律
政資	政治資金規正法
精神	精神保健及び精神障害者福祉に関する法律
製造物	製造物責任法
税徴	国税徴収法
税徴令	国税徴収法施行令
税通	国税通則法
税通令	国税通則法施行令
性的画像被害	私事性的画像記録の提供等による被害の防止に関する法律
性同一性障害	性同一性障害者の性別の取扱いの特例に関する法律
政党助成	政党助成法
政党法人格	政党交付金の交付を受ける政党等に対する法人格の付与に関する法律
税犯	国税犯則取締法
税犯則	国税犯則取締法施行規則
政府契約	政府契約の支払遅延防止等に関する法律
税理士	税理士法
裁令	裁判所法施行令
セクハラ指針	事業主が職場における性的な言動に起因する問題に関して雇用管理上講ずべき措置についての指針
接種	予防接種法
船員	船員法
選挙区審	衆議院議員選挙区画定審議会設置法
船主責任制限	船舶の所有者等の責任の制限に関する法律
戦争抛棄約	戦争抛棄ニ関スル条約
船舶	船舶法
船舶検査	重要影響事態等に際して実施する船舶検査活動に関する法律
船舶職員	船舶職員及び小型船舶操縦者法

略称	法令等名
専門委規	専門委員規則
戦略特区	国家戦略特別区域法
そ	
騒音規制	騒音規制法
臓器移植	臓器の移植に関する法律
臓器移植則	臓器の移植に関する法律施行規則
捜査規範	犯罪捜査規範
相税	相続税法
送達告知約	民事又は商事に関する裁判上及び裁判外の文書の外国における送達及び告知に関する条約
総務省	総務省設置法
組織犯罪	組織的な犯罪の処罰及び犯罪収益の規制等に関する法律
租税約特	租税条約等の実施に伴う所得税法，法人税法及び地方税法の特例等に関する法律
租税執行共助約	租税に関する相互行政支援に関する条約
租特	租税特別措置法
た	
退位特例	天皇の退位等に関する皇室典範特例法
大気汚染	大気汚染防止法
待遇確保	労働者の職務に応じた待遇の確保等のための施策の推進に関する法律
代執	行政代執行法
退職手当	国家公務員退職手当法
耐震改修	建築物の耐震改修の促進に関する法律
大店立地	大規模小売店舗立地法
滞納強制調整	滞納処分と強制執行等との手続の調整に関する法律
滞納強制調整規	滞納処分と強制執行等との手続の調整に関する規則
滞納強制調整令	滞納処分と強制執行等との手続の調整に関する政令
大麻	大麻取締法

略称	法令等名
宅地造成	宅地造成等規制法
宅建業	宅地建物取引業法
建物区分	建物の区分所有等に関する法律
WTO 協定	世界貿易機関を設立するマラケシュ協定
男女参画基	男女共同参画社会基本法
短時労	短時間労働者の雇用管理の改善等に関する法律
担信	担保付社債信託法
ち	
地域保健	地域保健法
地価公示	地価公示法
地下水規制	建築物用地下水の採取の規制に関する法律
地球温暖化	地球温暖化対策の推進に関する法律
地公	地方公務員法
地公企	地方公営企業法
地公災	地方公務員災害補償法
地公等労	地方公営企業等の労働関係に関する法律
地財	地方財政法
知財基	知的財産基本法
地財健全化	地方公共団体の財政の健全化に関する法律
知財高裁	知的財産高等裁判所設置法
地税	地方税法
窒素酸化物	自動車から排出される窒素酸化物及び粒子状物質の特定地域における総量の削減等に関する特別措置法
知的障害	知的障害者福祉法
地独行法	地方独立行政法人法
地方交付金	地方特例交付金等の地方財政の特別措置に関する法律
地方任期付職員	地方公共団体の一般職の任期付職員の採用に関する法律
地方法人特別税	地方法人特別税等に関する暫定措置法
地方法人税	地方法人税法

略称	法令等名
中基	中小企業基本法
中協	中小企業等協同組合法
仲裁	仲裁法
仲裁規	仲裁関係事件手続規則
仲裁判断約	外国仲裁判断の承認及び執行に関する条約
中小承継	中小企業における経営の承継の円滑化に関する法律
中小退金	中小企業退職金共済法
中団	中小企業団体の組織に関する法律
調委規	民事調停委員及び家事調停委員規則
調官規	民事調停官及び家事調停官規則
著作	著作権法
著作管理	著作権等管理事業法
著作知的所有権約	著作権に関する世界知的所有権機関条約
著作令	著作権法施行令
賃確	賃金の支払の確保等に関する法律
つ	
通貨	通貨の単位及び貨幣の発行等に関する法律
通貨模造	通貨及証券模造取締法
通信傍受	犯罪捜査のための通信傍受に関する法律
通信傍受規	犯罪捜査のための通信傍受に関する規則
て	
手	手形法
抵証	抵当証券法
定率	関税定率法
鉄営	鉄道営業法
鉄事	鉄道事業法
テロ防止約	テロリストによる爆弾使用の防止に関する国際条約
典	皇室典範
電気	電気事業法
電子契約特	電子消費者契約に関する民法の特例に関する法律

略称	法令等名
電子債権	電子記録債権法
電子署名認証	電子署名及び認証業務に関する法律
電通事	電気通信事業法
電波	電波法
と	
図	図書館法
道	道路法
道運	道路運送法
統計	統計法
道交	道路交通法
道交令	道路交通法施行令
動産債権譲渡特	動産及び債権の譲渡の対抗要件に関する民法の特例等に関する法律
投資紛争約	国家と他の国家の国民との間の投資紛争の解決に関する条約
投資有限組合	投資事業有限責任組合契約に関する法律
投信	投資信託及び投資法人に関する法律
登税	登録免許税法
道整特措	道路整備特別措置法
盗犯	盗犯等ノ防止及処分ニ関スル法律
動物愛護	動物の愛護及び管理に関する法律
都園	都市公園法
都開	都市再開発法
独行個人情報	独立行政法人等の保有する個人情報の保護に関する法律
独行情報公開	独立行政法人等の保有する情報の公開に関する法律
独行法	独立行政法人通則法
独禁令	私的独占の禁止及び公正取引の確保に関する法律施行令
特定商取引	特定商取引に関する法律
特定商取引令	特定商取引に関する法律施行令
特定調停	特定債務等の調整の促進のための特定調停に関する法律
特定調停規	特定調停手続規則

略称	法令等名
特定電通賠責	特定電気通信役務提供者の損害賠償責任の制限及び発信者情報の開示に関する法律
特定秘密保護	特定秘密の保護に関する法律
特定メール	特定電子メールの送信の適正化等に関する法律
特定融資枠	特定融資枠契約に関する法律
毒物	毒物及び劇物取締法
毒物令	毒物及び劇物取締法施行令
都計	都市計画法
都市再生	都市再生特別措置法
土砂災害	土砂災害警戒区域等における土砂災害防止対策の推進に関する法律
土壌汚染	土壌汚染対策法
都市緑地	都市緑地法
土地改良	土地改良法
土地基	土地基本法
土地使用特措	日本国とアメリカ合衆国との間の相互協力及び安全保障条約第六条に基づく施設及び区域並びに日本国における合衆国軍隊の地位に関する協定の実施に伴う土地等の使用等に関する特別措置法
土調士	土地家屋調査士法
土地利用調整	鉱業等に係る土地利用の調整手続等に関する法律
特会	特別会計に関する法律
特許	特許法
特許国際出願	特許協力条約に基づく国際出願等に関する法律
特許登	特許登録令
特許約	特許法条約
特許令	特許法施行令
独禁	私的独占の禁止及び公正取引の確保に関する法律
取調規	被疑者取調べ適正化のための監督に関する規則
な	
内	内閣法
内閣府	内閣府設置法
難民議定書	難民の地位に関する議定書

略称	法令等名
難民約	難民の地位に関する条約
に	
二重課税	遺産，相続及び贈与に対する租税に関する二重課税の回避及び脱税の防止のための日本国とアメリカ合衆国との間の条約の実施に伴う相続税法の特例等に関する法律
日銀	日本銀行法
日ケイ租税協定	脱税の防止のための情報の交換及び個人の所得についての課税権の配分に関する日本国政府とケイマン諸島政府との間の協定
日米刑事共助約	刑事に関する共助に関する日本国とアメリカ合衆国との間の条約
日米租税約	所得に対する租税に関する二重課税の回避及び脱税の防止のための日本国政府とアメリカ合衆国政府との間の条約
日米犯人引渡約	日本国とアメリカ合衆国との間の犯罪人引渡しに関する条約
日米物品役務協定	日本国の自衛隊とアメリカ合衆国軍隊との間における後方支援，物品又は役務の相互の提供に関する日本国政府とアメリカ合衆国政府との間の協定
日韓基本約	日本国と大韓民国との間の基本関係に関する条約
日韓漁業協定	漁業に関する日本国と大韓民国との間の協定
日刊新聞	日刊新聞紙の発行を目的とする株式会社の株式の譲渡の制限等に関する法律
日韓請求権協定	財産及び請求権に関する問題の解決並びに経済協力に関する日本国と大韓民国との間の協定
日ソ宣言	日本国とソヴィエト社会主義共和国連邦との共同宣言
日中韓投資協定	投資の促進，円滑化及び保護に関する日本国政府，大韓民国政府及び中華人民共和国政府の間の協定
日中共同声明	日本国政府と中華人民共和国政府の共同声明
入管	出入国管理及び難民認定法
入管特	日本国との平和条約に基づき日本の国籍を離脱した者等の出入国管理に関する特例法
入札談合	入札談合等関与行為の排除及び防止並びに職員による入札等の公正を害すべき行為の処罰に関する法律
任意後見	任意後見契約に関する法律

略称	法令等名
任期付職員	一般職の任期付職員の採用及び給与の特例に関する法律
ね	
年齢計算	年齢計算ニ関スル法律
年齢称呼	年齢のとなえ方に関する法律
の	
農委	農業委員会等に関する法律
能開	職業能力開発促進法
農協	農業協同組合法
農災	農業災害補償法
農産物名称	特定農林水産物等の名称の保護に関する法律
農振地域	農業振興地域の整備に関する法律
農地	農地法
農地汚染	農用地の土壌の汚染防止等に関する法律
農薬	農薬取締法
は	
破	破産法
廃棄物	廃棄物の処理及び清掃に関する法律
配偶者暴力	配偶者からの暴力の防止及び被害者の保護等に関する法律
配偶者暴力規	配偶者暴力等に関する保護命令手続規則
売春	売春防止法
破規	破産規則
爆発	爆発物取締罰則
罰金臨措	罰金等臨時措置法
発行者公開買付	発行者による上場株券等の公開買付けの開示に関する内閣府令
発達障害	発達障害者支援法
破防	破壊活動防止法
番号	行政手続における特定の個人を識別するための番号の利用等に関する法律
番号令	行政手続における特定の個人を識別するための番号の利用等に関する法律施行令

略称	法令等名
犯罪資金提供	公衆等脅迫目的の犯罪行為のための資金等の提供等の処罰に関する法律
犯罪収益移転	犯罪による収益の移転防止に関する法律
犯罪収益規	犯罪収益に係る保全手続等に関する規則
犯罪被害回復	犯罪被害財産等による被害回復給付金の支給に関する法律
犯罪被害基	犯罪被害者等基本法
犯罪被害給付	犯罪被害者等給付金の支給等による犯罪被害者等の支援に関する法律
犯罪被害保護	犯罪被害者等の権利利益の保護を図るための刑事手続に付随する措置に関する法律
犯罪利用預金口座	犯罪利用預金口座等に係る資金による被害回復分配金の支払等に関する法律
判事補	判事補の職権の特例等に関する法律
半導体	半導体集積回路の回路配置に関する法律
犯人引渡	逃亡犯罪人引渡法
ひ	
非営利活動	特定非営利活動促進法
被疑者	被疑者補償規程
被災区分建物	被災区分所有建物の再建等に関する特別措置法
被災市街	被災市街地復興特別措置法
被災借地借家	大規模な災害の被災地における借地借家に関する特別措置法
被災者支援	被災者生活再建支援法
非訟	非訟事件手続法
非訟規	非訟事件手続規則
人質約	人質をとる行為に関する国際条約
人質	人質による強要行為等の処罰に関する法律
被爆者	原子爆弾被爆者に対する援護に関する法律
ふ	
風俗	風俗営業等の規制及び業務の適正化等に関する法律
武器製造	武器等製造法
不公正告	不公正な取引方法
不正アクセス	不正アクセス行為の禁止等に関する法律

略称	法令等名
不正競争	不正競争防止法
不正競争規	不正競争防止法第二十三条第一項に規定する事件に係る刑事訴訟手続の特例に関する規則
復興財源地税特	東日本大震災からの復興に関し地方公共団体が実施する防災のための施策に必要な財源の確保に係る地方税の臨時特例に関する法律
復興財源特	東日本大震災からの復興のための施策を実施するために必要な財源の確保に関する特別措置法
物調手続特令	国の物品等又は特定役務の調達手続の特例を定める政令
物品管理	物品管理法
不登	不動産登記法
不登則	不動産登記規則
不登令	不動産登記令
部分核禁約	大気圏内，宇宙空間及び水中における核兵器実験を禁止する条約
扶養準拠法	扶養義務の準拠法に関する法律
武力攻撃事態	武力攻撃事態等及び存立危機事態における我が国の平和と独立並びに国及び国民の安全の確保に関する法律
プログラム登	プログラムの著作物に係る登録の特例に関する法律
フロン使用合理化	フロン類の使用の合理化及び管理の適正化に関する法律
文化勲章	文化勲章令
文化財	文化財保護法
文化年金	文化功労者年金法
へ	
平和条約	日本国との平和条約
ベルヌ約	千八百九十六年五月四日にパリで補足され，千九百八年十一月十三日にベルリンで改正され，千九百十四年三月二十日にベルヌで補足され並びに千九百二十八年六月二日にローマで，千九百四十八年六月二十六日にブラッセルで，千九百六十七年七月十四日にストックホルムで及び千九百七十一年七月二十四日にパリで改正された千八百八十六年九月九日の文学的及び美術的著作物の保護に関するベルヌ条約
弁護	弁護士法
弁護経験	判事補及び検事の弁護士職務経験に関する法律

略称	法令等名
弁理士	弁理士法
ほ	
防衛	防衛省設置法
防衛施設	防衛施設周辺の生活環境の整備等に関する法律
貿易保険	貿易保険法
法科大学院	法科大学院の教育と司法試験等との連携等に関する法律
放射防止	放射性同位元素等による放射線障害の防止に関する法律
褒章	褒章条例
法人援助	法人に対する政府の財政援助の制限に関する法律
法税	法人税法
法税令	法人税法施行令
放送	放送法
法廷秩序	法廷等の秩序維持に関する法律
法廷秩序規	法廷等の秩序維持に関する規則
法的地位協定	日本国に居住する大韓民国国民の法的地位及び待遇に関する日本国と大韓民国との間の協定
法適用	法の適用に関する通則法
法務大臣権限	国の利害に関係のある訴訟についての法務大臣の権限等に関する法律
法律支援	総合法律支援法
暴力	暴力行為等処罰ニ関スル法律
暴力団	暴力団員による不当な行為の防止等に関する法律
保険	保険法
保険業	保険業法
保護司	保護司法
母子保健	母子保健法
保証金	金融商品取引法第百六十一条の二に規定する取引及びその保証金に関する内閣府令
保助看	保健師助産師看護師法
補助金	補助金等に係る予算の執行の適正化に関する法律
ポ宣	ポツダム宣言

略称	法令等名
母体保護	母体保護法
墓地	墓地，埋葬等に関する法律
没収応措	刑事事件における第三者所有物の没収手続に関する応急措置法
没収規	刑事事件における第三者所有物の没収手続に関する規則
母福	母子及び父子並びに寡婦福祉法
保有開示	株券等の大量保有の状況の開示に関する内閣府令
ま	
まち創生	まち・ひと・しごと創生法
麻薬	麻薬及び向精神薬取締法
麻薬特	国際的な協力の下に規制薬物に係る不正行為を助長する行為等の防止を図るための麻薬及び向精神薬取締法等の特例等に関する法律
マンション管理	マンションの管理の適正化の推進に関する法律
マンション建替	マンションの建替え等の円滑化に関する法律
み	
密集市街	密集市街地における防災街区の整備の促進に関する法律
身元保証	身元保証ニ関スル法律
民	民法
民委	民生委員法
民活公共施設	民間資金等の活用による公共施設等の整備等の促進に関する法律
民間信書送達	民間事業者による信書の送達に関する法律
民再	民事再生法
民再規	民事再生規則
民再則	民事再生法施行規則
民施	民法施行法
民執	民事執行法
民執規	民事執行規則
民執令	民事執行法施行令
民訴	民事訴訟法
民訴規	民事訴訟規則

略称	法令等名
民訴手続規	民事訴訟手続に関する条約等の実施に伴う民事訴訟手続の特例等に関する規則
民訴手続特	民事訴訟手続に関する条約等の実施に伴う民事訴訟手続の特例等に関する法律
民訴手続約	民事訴訟手続に関する条約
民訴費	民事訴訟費用等に関する法律
民訴費規	民事訴訟費用等に関する規則
民調	民事調停法
民調規	民事調停規則
民特	日本国とアメリカ合衆国との間の相互協力及び安全保障条約第六条に基づく施設及び区域並びに日本国における合衆国軍隊の地位に関する協定の実施に伴う民事特別法
民保	民事保全法
民保規	民事保全規則
む	
無限連鎖講	無限連鎖講の防止に関する法律
め	
明憲	大日本帝国憲法
酩酊防止	酒に酔つて公衆に迷惑をかける行為の防止等に関する法律
や	
役員処罰	法人ノ役員処罰ニ関スル法律
薬剤師	薬剤師法
薬犯保規	薬物犯罪等に係る保全手続等に関する規則
薬物一部猶予	薬物使用等の罪を犯した者に対する刑の一部の執行猶予に関する法律
野生動植物	絶滅のおそれのある野生動植物の種の保存に関する法律
ゆ	
有害廃棄物	特定有害廃棄物等の輸出入等の規制に関する法律
有害用品規制	有害物質を含有する家庭用品の規制に関する法律
有期雇用特措	専門的知識等を有する有期雇用労働者等に関する特別措置法
有期通算基準	労働契約法第十八条第一項の通算契約期間に関する基準を定める省令

略称	法令等名
有限組合	有限責任事業組合契約に関する法律
有線電通	有線電気通信法
郵便	郵便法
輸出管理令	輸出貿易管理令
輸出入取引	輸出入取引法
輸入管理令	輸入貿易管理令
油賠	船舶油濁損害賠償保障法
油賠責規	船舶油濁損害賠償責任制限事件等手続規則
よ	
用地取得特措	公共用地の取得に関する特別措置法
予会令	予算決算及び会計令
預金保険	預金保険法
浴場	公衆浴場法
予算執行職員	予算執行職員等の責任に関する法律
預託取引	特定商品等の預託等取引契約に関する法律
り	
利息	利息制限法
留置規	被留置者の留置に関する規則
流通食品毒物	流通食品への毒物の混入等の防止等に関する特別措置法
立木法	立木ニ関スル法律
領海	領海及び接続水域に関する法律
旅館	旅館業法
旅券	旅券法
旅行	旅行業法
る	
類似証券	紙幣類似証券取締法
れ	
連結財務規	連結財務諸表の用語, 様式及び作成方法に関する規則
ろ	
労安衛	労働安全衛生法
労委規	労働委員会規則

略称	法令等名
労基	労働基準法
労基則	労働基準法施行規則
労組	労働組合法
労組令	労働組合法施行令
労契	労働契約法
労災	労働者災害補償保険法
労審	労働審判法
労保審	労働保険審査官及び労働保険審査会法
労審員規	労働審判員規則
労審規	労働審判規則
労調	労働関係調整法
労働憲章	国際労働機関憲章
労働承継	会社分割に伴う労働契約の承継等に関する法律
労働承継指針	分割会社及び承継会社等が講ずべき当該分割会社が締結している労働契約及び労働協約の承継に関する措置の適切な実施を図るための指針
労派遣	労働者派遣事業の適正な運営の確保及び派遣労働者の保護等に関する法律
労派遣令	労働者派遣事業の適正な運営の確保及び派遣労働者の保護等に関する法律施行令
老福	老人福祉法
労保徴	労働保険の保険料の徴収等に関する法律
わ	
割賃令	労働基準法第三十七条第一項の時間外及び休日の割増賃金に係る率の最低限度を定める政令

(出典)有斐閣のウェブサイト
(http://www.yuhikaku.co.jp/static/ryakugo.html)を基に作成。

索引

あ行

以	99
委員会審査省略議案	129
委員会中心主義	129
以下	99
意見公募手続	15, 22, 158
以後	99
以上	99
以前	100
一部改正法	33
一般法	27
以内	102
委任立法	11
インサート&デリート方式	34
インナー	134
隠ぺい	72
隠蔽	72
ヴァージニア権利章典	9
枝番号	46
大阪国税局	166
大阪国税不服審判所	167
大島訴訟最高裁判決	8
大並び	91
大若し	93
沖縄国税事務所	166
送り仮名の付け方	75
及び	80, 89

か行

会計課	165
開示請求	161, 162
解釈規定	62
解釈指針	49
改正日	121
改め文	34
外来語の表記	76
かぎ括弧	83
閣議	19
閣議決定	18, 133
各号	46, 71
各号列記	56, 57
各号列記以外の部分	46, 71
各人の生活の本拠	62
閣法	127, 128
かくれた補助金	152
課税総括課	165
課税部	165, 166
課税要件	65
課税要件法定主義	10
課税要件明確主義	10
片仮名・文語体表記	147
かつ	80, 89
括弧内	70
金沢国税局	166
金沢国税不服審判所	167
款	40

217

関東信越国税局	166	熊本国税局	166
関東信越国税不服審判所	167	熊本国税不服審判所	167
官報	122	訓示規定	49
管理運営課	165	経過した日	102
議案	127	経過する日	102
議院内閣制	127	経過措置	123
議院法制局	128	軽減税率	137
議員立法	127, 128	刑事法	156
企画課	165	刑事処罰	148
機関承認	129	削る	47
期限	105	原始附則	152
起算	105	現代語化	147
規制の設定又は改廃に係る意見提出手続	22	憲法を尊重し擁護する義務	3
規則	20	件名	40
寄附	73	権利章典	9
給与所得	57	権利請願	9
給与所得者の扶養控除等（異動）申告書	115	項	45
給与所得等	84	号	46
給与等	59	康熙字典体	74
教育の義務	5	厚生管理官	165
行政機関個人情報保護法	162	更正の請求	30, 31, 143
行政機関情報公開法	68, 161	後段	46, 68
行政規則	14	項番号	45
行政事件訴訟	160	公布	121
行政庁の不作為	30	弘文堂	74
行政手続条例	159	合法性の原則	10
行政法	155, 157	後法優越の原理	27
共著書	177	号名	46
共通見出し	44, 47	公用文における漢字使用等について	72
紀要の略称	173	超える	99
居所	61	国際業務課	165
勤労の義務	5	国税	154
句点	76	国税局	166

国税庁	164	座談会	169
国税調査官	168	雑誌論文	169
国税徴収官	168	札幌国税局	166
国税犯則調査手続	146	札幌国税不服審判所	167
国税犯則調査手続の見直しについて	147	サブタイトル	169
国税不服審判所	167	サラリーマン税金訴訟	8
国税不服審判所沖縄事務所	167	参議院法制局	128
国税不服申立て	159	三重括弧	87
国民主権	2	施行	122
国民の権利及び義務	3	施行期日規定	122
国有財産	74	施行規則	19
國有財産	74	施行令	18
個人課税課資産課税課	165	事後救済手続	155
個人情報保護条例	162	自署押印	64
個人番号	58	事前審査	128
午前零時	104	事前手続	155, 157
こととときは丸，ものはなし	78	質疑	129
小並び	91	実体的規定	65
小若し	93	実体法	26
固有概念	61	質問検査権	63, 148
		しなければならない	119
さ 行		私法	155
		社会保険診療報酬の所得計算の特例	151
採決	129	借用概念	61, 156
裁決要旨検索システム	161	衆議院法制局	128
最高法規	2	住所	61
財産刑	146	重文	80
最大判	179	重要広範議案	129
最判	179	趣旨解釈ないし目的論的解釈	55
サイモン＆ガーファンクル	94	趣旨説明	129
削除	47	趣旨規定	53
査察課	166	趣旨等	53
査察部	166	酒税課	165

首席国税庁監察官	165		すべて	73
酒類指導官	168		速やかに	108
準則法	155		するものとする	119
準用	84		税制改正	131
章	40		税制改正法	33
条	45		税制改正大綱	133
小括弧	87		税制改正に関する答申	132
条件節	80		税制改正の大綱	133
情報公開条例	161		税制改正の要綱	133
情報公開法	68		税制調査会	132
条名	41, 45		税制抜本改革法	38
常用漢字表	72		制定文	35
省令	19		整備法	33
条例	74, 155		政府税調	132
條例	74		政府立法	127
職業選択の自由	6		税務広報広聴官	168
所得税法及び法人税法の整備に関する答申			税務署	167
	139		税務大学校	166
初日不算入の法則	103		成立	121
処分等の求め	158		政令	18
署名押印	64		責任の欠如	134
人格のない社団等	59, 60		節	40
審議過程	126		接続詞	74
新規制定法	33		是認通知	118
新旧対照表	35		前各条	106
人権宣言	9		前掲文献	179
申告書	116		前号	106
申告書等閲覧サービス	162		仙台国税局	166
人事課	165		仙台国税不服審判所	167
申請に対する処分	158		前段	46, 68
推定する	117		全部改正	68
スケジュール闘争	130		全部改正法	33
全て	73		前文	35

専門雑誌の略称……………………… 170
相続時精算課税適用者………………58
総務課…………………………165, 168
総務部………………………………166
遡及立法の禁止………………………10
促音…………………………………75
租税公平主義…………………………11
租税重課措置………………………150
租税特別措置………………………150
租税特別措置の適用実態調査の結果に関する
　報告書…………………………153
租税法………………………………154
租税法律主義……………………7, 9
租税優遇措置………………………150
租特透明化法…………………137, 153
租特適用実態調査…………………137
その他…………………………………95
その他の………………………………95

た　行

第一段…………………………………69
TAINS ……………………………161
題名……………………………38, 67
高松国税局…………………………166
高松国税不服審判所………………167
ただし書………………………46, 69
直ちに………………………………108
タックス・ヘイブン……………………8
脱税煽動犯…………………………143
たな卸資産……………………………73
棚卸資産………………………………73
団体…………………………………74

団体…………………………………74
単著…………………………………177
単文…………………………………79
遅滞なく……………………………108
地方税………………………………154
中括弧…………………………………87
中段…………………………………69
超……………………………………99
懲役刑………………………………146
長官官房……………………………165
調査課………………………………166
調査結果の内容説明………………118
調査査察部…………………………165
調査部………………………………166
徴収課………………………………165
徴収部…………………………165, 166
通達…………………………………20
通用字体………………………72, 74
定義…………………………………83
定義規定………………………………55
定期刊行物…………………………170
適用…………………………………123
できる………………………………120
手続法…………………………………26
手続保障原則…………………………10
電子政府の総合窓口（e-Gov）……24, 39
電磁的記録の証拠収集手続………147
等……………………………………59
党議拘束………………………128, 129
東京国税局…………………………166
東京国税不服審判所………………167
党高政低……………………………132
動詞…………………………………74

221

動詞の終止形	120
読点	79
当分の間	151
透明性の欠如	134
当用漢字表	73
討論	129
時	111
とき	111
特集題	169
特殊支配同族会社の役員給与の損金不算入	48
独占禁止法	40
特定贈与者	58
特別法	27
特別の機関	167
特別法優先の原理	27
独立行政法人等情報公開法	68
溶け込み方式	34
トマ・ピケティ	8
奴隷的拘束及び苦役からの自由	6

な 行

内閣大綱	133
内閣法制局	128
内閣府令	19
乃至	107
ないし	108
名古屋国税局	166
名古屋国税不服審判所	167
など	59
並びに	80, 89
21世紀の資本	8
二重括弧	87

日本国憲法改正草案	127
日本で最大の法律	48
納税者権利憲章	11, 50
納税者支援調整官	168
納税者の権利保護	10
納税の義務	5

は 行

場合	111
廃止法	33
柱書	70
罰金刑	146
発行年	169
罰則	142, 156
罰則サンド	149
発表	74
發表	74
パブリック・コメント	15, 22, 158
番号法	38
番号法違反	146
番号利用法	38
犯罪捜査	147
反税調議連	134
犯則調査手続	147
判断枠組み	66
判批	169
判例集等の略称	180
判例評釈	169
版表示	177
ピーター・ポール＆マリー	94
非公開裁決	161
非税理士に対する名義貸しの禁止	144

人及び市民の権利宣告	9	法規命令	14
平仮名・口語体表記	147	法人課税課	165
広島国税局	166	法制執務	2
広島国税不服審判所	167	法的安定性	11
附	73	法律	14
不確定概念	11	法律案	127
不確定の期限	151	法律効果	65
付記	73	法律番号	39
附記	73	法律要件	65
福岡国税局	166	法令協議	128
福岡国税不服審判所	167	法令検索システム	39, 42
副詞	74	法令における漢字使用等について	71
府省令	19	法令における拗（よう）音及び促音に用いる	
附箋	73	「や・ゆ・よ・つ」の表記について	75
附則	41, 73	法令に基づく申請	30
附属	73	法令番号	39, 67, 86
附帯	73	法令名等の略称	184
附帯決議	135	ポツ	79
附置	73	補填	73
不服審査	159	補てん	73
不服申立てはできないが更正の請求はできる		本会議中心主義	129
旨の説明・書面の交付	118, 121	本会議趣旨説明	129
不服申立前置	161	本則	40
不法行為その他突発的な事故	97	本文	46, 69
不利益処分	158	翻訳書	178
併科	146		
別段の定め	32	ま　行	
別表	35, 48		
編	40	マイナンバー法	38
編著書	178	マグナ・カルタ	9
編入	148	又は	80, 92
法解釈	66	マル	77
法規的解釈	55, 62	丸括弧	58, 85

223

見出し……………………………41, 86
満たない……………………………99
みなす………………………………116
未満…………………………………99
民主主義の対価……………………8
明治憲法……………………………6
命令等………………………………15
目……………………………………40
目次………………………………40, 86
目的規定……………………………49
若しくは…………………………80, 92
者……………………………………113
物……………………………………113
もの…………………………………113

や　行

役員給与……………………………45

有斐閣……………………………74, 183
拗音…………………………………75
要旨………………………………70, 86
翌日…………………………………104
予測可能性…………………………11
与党税調……………………………132
与党大綱……………………………133

ら　行

立案過程……………………………126
立法過程……………………………126
略称…………………………38, 67, 83, 86
略称規定……………………………59
理由の提示…………………………158
両罰規定……………………………145
連体詞………………………………74

【著者紹介】

青木　丈（あおき　たけし）

現職　香川大学法学部教授

千葉商科大学大学院政策研究科博士課程修了　博士（政策研究）

2001年　税理士登録（東京税理士会）

2009年11月から2013年1月まで，内閣府本府行政刷新会議事務局上席政策調査員，総務省行政管理局企画調整課企画官等を歴任

2017年4月より現職

【主著】

『新　実務家のための税務相談（会社法編）』（有斐閣，2017，共著）

『中小企業の優遇税制を使いこなすテクニック』（日本法令，2017，監修）

『税理士事務所の個人情報保護・マイナンバー対応マニュアル』（ぎょうせい，2017，共著）

『新しい国税不服申立制度の理論と実務』（ぎょうせい，2016）

『中小事業者のための改正個人情報保護法超要点整理』（日本法令，2016）

『中小企業のためのマイナンバー実務講座』（大蔵財務協会，2016）

『企業のためのマイナンバー法実務ハンドブック』（商事法務，2015，共編著）

『新しい行政不服審査制度』（弘文堂，2014，共著）

『こう変わる！国税不服申立て』（ぎょうせい，2014）

『税法で読み解く！法令用語と立法の基礎知識』（税務経理協会，2013）

ほか多数

著者との契約により検印省略

平成30年4月10日　初版第1刷発行

租税法令の読み方・書き方講座

著　者　青　木　　　丈
発　行　者　大　坪　克　行
製　版　所　株式会社ムサシプロセス
印　刷　所　税経印刷株式会社
製　本　所　牧製本印刷株式会社

発　行　所　東京都新宿区下落合2丁目5番13号　株式会社　税務経理協会

郵便番号　161-0033　振替 00190-2-187408　電話（03）3953-3301（編集部）
FAX（03）3565-3391　　　（03）3953-3325（営業部）
URL http://www.zeikei.co.jp/
乱丁・落丁の場合はお取替えいたします。

ⓒ　青木　丈　2018　　　　　　　　　Printed in Japan

本書の無断複写は著作権法上での例外を除き禁じられています。複写される場合は、そのつど事前に、（社）出版者著作権管理機構（電話 03-3513-6969, FAX 03-3513-6979, e-mail：info@jcopy.or.jp）の許諾を得てください。

JCOPY ＜（社）出版者著作権管理機構 委託出版物＞

ISBN978-4-419-06518-8　C3032